Elaboraciones complementarias en pastelería-repostería

José González Martínez

ic editorial

Elaboraciones complementarias en pastelería-repostería
© José González Martínez

1ª Edición

© IC Editorial, 2025

Editado por: IC Editorial
c/ Cueva de Viera, 2, Local 3
Centro Negocios CADI
29200 Antequera (Málaga)
Teléfono: 952 70 60 04
Fax: 952 84 55 03
Correo electrónico: iceditorial@iceditorial.com
Internet: www.iceditorial.com

ISBN: 979-13-7027-006-3
Depósito Legal: MA-1271-2025

Impresión: PODiPrint
Impreso en Andalucía – España

Nota de la editorial: IC Editorial pertenece a Innovación y Cualificación S. L.

Presentación del manual

El **Certificado de Profesionalidad** es el instrumento de acreditación, en el ámbito de la Administración laboral, de las cualificaciones profesionales del Catálogo Nacional de Cualificaciones Profesionales adquiridas a través de procesos formativos o del proceso de reconocimiento de la experiencia laboral y de vías no formales de formación.

El elemento mínimo acreditable es la **Unidad de Competencia**. La suma de las acreditaciones de las unidades de competencia conforma la acreditación de la competencia general.

Una **Unidad de Competencia** se define como una agrupación de tareas productivas específica que realiza el profesional. Las diferentes unidades de competencia de un certificado de profesionalidad conforman la **Competencia General**, definiendo el conjunto de conocimientos y capacidades que permiten el ejercicio de una actividad profesional determinada.

Cada **Unidad de Competencia** lleva asociado un **Módulo Formativo**, donde se describe la formación necesaria para adquirir esa **Unidad de Competencia**, pudiendo dividirse en **Unidades Formativas**.

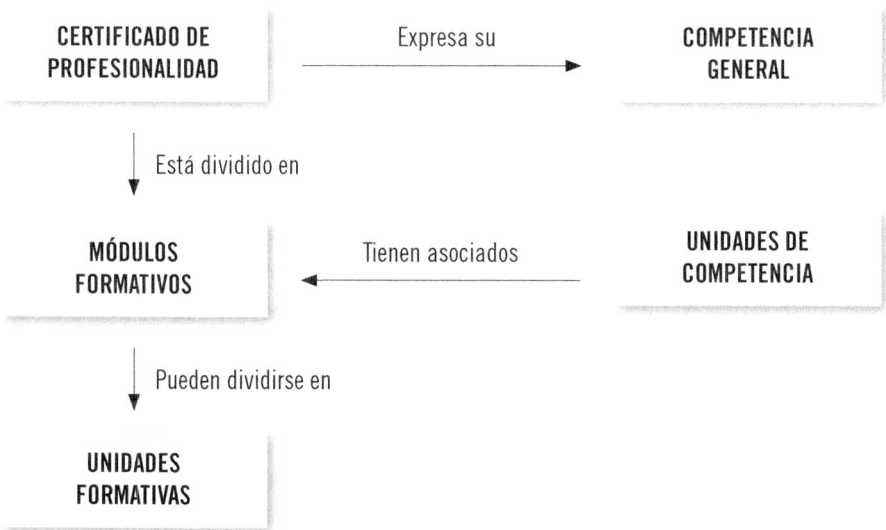

El presente manual desarrolla la Unidad Formativa **UF1053: Elaboraciones complementarias en pastelería-repostería,**

perteneciente al Módulo Formativo **MF0306_2: Elaboraciones básicas para pastelería - repostería,**

asociado a la unidad de competencia **UC0306_2: Realizar y/o controlar las operaciones de elaboración de masas, pastas y productos básicos de múltiples,**

del Certificado de Profesionalidad **Repostería**

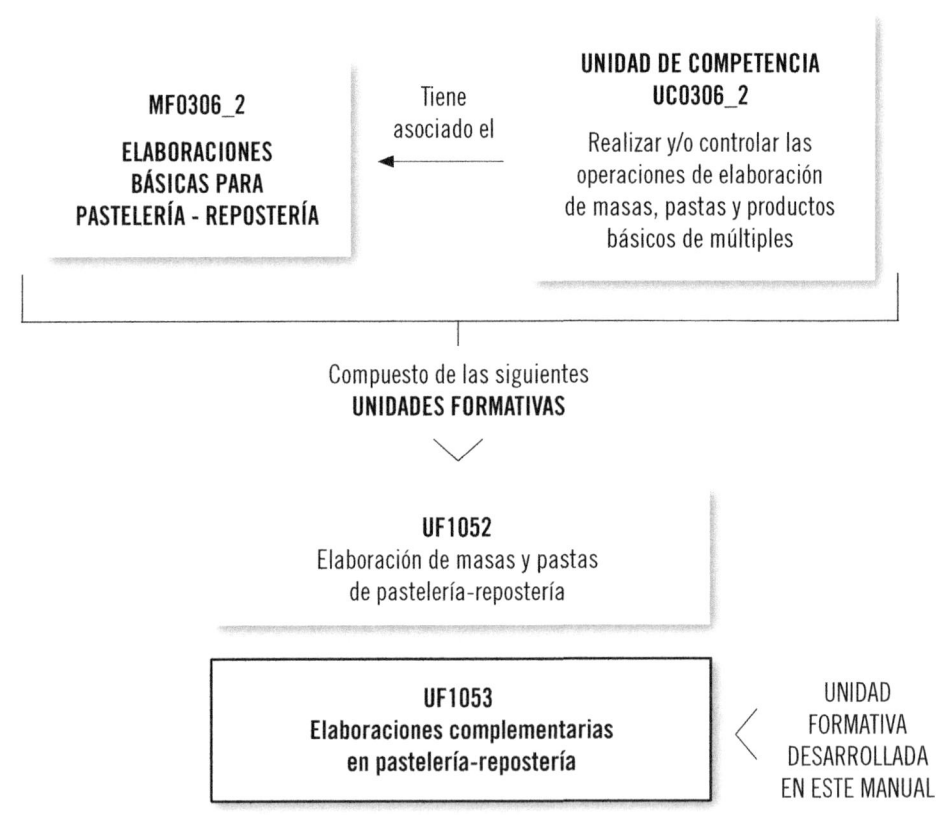

FICHA DE CERTIFICADO DE PROFESIONALIDAD

(HOTR0509) REPOSTERÍA (R. D. 685/2011, de 13 de mayo, modificado por el R. D. 619/2013, de 2 de agosto)

COMPETENCIA GENERAL: Preelaborar, preparar, presentar y conservar toda clase de productos de repostería y definir sus ofertas, aplicando con autonomía las técnicas correspondientes, consiguiendo la calidad y objetivos económicos establecidos y respetando las normas y prácticas de seguridad e higiene en la manipulación de alimentos

Cualificación profesional de referencia		Unidades de competencia	Ocupaciones o puestos de trabajo relacionados:
HOT223_2 REPOSTERÍA (RD 1228/2006 de 27 de octubre)	UC0709_2:	Definir ofertas sencillas de repostería, realizar el aprovisionamiento interno y controlar consumos	- 7802.002.1 Pastelero - 7802.002.1 Repostero (pastelería) - 7802.002.1 Confitero - 7802.008.5 Trabajador de la elaboración de caramelos y dulces - 7802.011.5 Trabajador de la elaboración de productos de cacao y chocolate - 7802.011.5 Bombonero - 7802.011.5 Chocolatero - 7802.002.1 Repostero - 7802.002.1 Pastelero en general - 7802.002.1 Elaborador-decorador de pasteles
	UC0306_2:	Realizar y/o controlar las operaciones de elaboración de masas, pastas y productos básicos de múltiples	
	UC0710_2:	Elaborar y presentar productos hechos a base de masas y pastas, postres de cocina y helados	
	UC0711_2:	Actuar bajo normas de seguridad, higiene y protección ambiental en hostelería	

Correspondencia con el Catálogo Modular de Formación Profesional

Módulos certificado	Unidades formativas	Horas U.F.
MF0709_2: Ofertas de repostería, aprovisionamiento interno y control de consumos		60
MF0306_2: Elaboraciones básicas para pastelería - repostería	UF1052: Elaboración de masas y pastas de pastelería-repostería	80
	UF1053: Elaboraciones complementarias en pastelería-repostería	40
MF0710_2: Productos de repostería	UF1096: Elaboraciones y presentaciones de productos hechos a base de masas y pastas	60
	UF1097: Elaboraciones y presentaciones de postres de cocina	60
	UF1098: Elaboraciones y presentaciones de helados	60
MF0711_2: Seguridad, higiene y protección ambiental en hostelería		60
MP0229: Módulo de prácticas profesionales no laborales de Repostería		80

Índice

Capítulo 1
**Operaciones previas a las elaboraciones
complementarias de pastelería y repostería**

1. Introducción   9
2. Deducción y cálculo de las necesidades de género en función de las
elaboraciones a desarrollar   9
3. Aprovisionamiento interno: formalización de documentación y
realización de operaciones   15
4. Actividades de prevención y control de insumos y procesos para
tratar de evitar resultados defectuosos   21
5. Regeneración y/o acondicionamiento de materias primas en
pastelería y repostería   27
6. Identificación, manejo y parámetros de control
de los equipos asociados   31
7. Resumen   39
Ejercicios de repaso y autoevaluación   41

Capítulo 2
Elaboración de cremas o rellenos dulces

1. Introducción   45
2. Principales tipos de cremas   45
3. Identificación, formulación y secuencia de operaciones propias
de cada elaboración   54
4. Determinación del punto de montaje, batido, consistencia y
características propias de cada crema   64
5. Análisis de las anomalías y defectos más frecuentes. Posibles
correcciones. Conservación y normas de higiene   65
6. Identificación de los productos finales adecuados para
cada tipo de crema   68
7. Resumen   76
Ejercicios de repaso y autoevaluación   77

Capítulo 3
Elaboración de rellenos salados

1. Introducción	81
2. Tipos: cremas base para rellenos salados, crema bechamel y otras	81
3. Identificación de los ingredientes propios de cada elaboración. Formulación y secuencia de operaciones	86
4. Determinación del punto de montaje, batido, consistencia y características propias de cada elaboración. Conservación y normas de higiene	94
5. Análisis de las anomalías y defectos más frecuentes. Posibles correcciones	98
6. Identificación de los productos adecuados para cada tipo de crema	104
7. Resumen	111
Ejercicios de repaso y autoevaluación	113

Capítulo 4
Elaboración de cubiertas en pastelería

1. Introducción	117
2. Tipos: glaseados, con pastas de almendra, crema de chocolate, brillos de frutas y otras	117
3. Identificación de los ingredientes propios de cada elaboración. Formulación y secuencia de elaboraciones	118
4. Determinación del punto de montaje, batido, consistencia y características propias de cada elaboración	134
5. Análisis de las anomalías y defectos más frecuentes. Posibles correcciones. Conservación y normas de higiene	135
6. Identificación de los productos adecuados para cada tipo de crema	140
7. Resumen	143
Ejercicios de repaso y autoevaluación	145

Capítulo 5
Elaboraciones complementarias de pastelería y repostería para colectivos especiales

1. Introducción	149
2. Colectivos especiales en alimentación	149
3. Identificación de las principales alergias e intolerancias alimentarias	153
4. Formulación y ficha técnica de elaboración de los productos destinados a estos colectivos especiales	155
5. Puntos clave y principales cambios tecnológicos y de materias primas utilizadas para obtener estos productos	162
6. Principales anomalías, causas y posibles correcciones	164
7. Resumen	170
Ejercicios de repaso y autoevaluación	171

Capítulo 6
**Aplicación de las técnicas de frío en elaboraciones
complementarias pastelería-repostería**

1. Introducción 175
2. Adaptación de las fórmulas y procesos. Congelación - descongelación
   de productos de pastelería y repostería. Principales anomalías,
   causas y posibles correcciones 175
3. Refrigeración de productos de pastelería 181
4. Equipos específicos: composición y regulación 182
5. Resumen 186
   Ejercicios de repaso y autoevaluación 187

Glosario 189

Bibliografía 193

Operaciones previas a las elaboraciones complementarias de pastelería y repostería

Contenido

1. Introducción
2. Deducción y cálculo de las necesidades de género en función de las elaboraciones a desarrollar
3. Aprovisionamiento interno: formalización de documentación y realización de operaciones
4. Actividades de prevención y control de insumos y procesos para tratar de evitar resultados defectuosos
5. Regeneración y/o acondicionamiento de materias primas en pastelería y repostería
6. Identificación, manejo y parámetros de control de los equipos asociados
7. Resumen

1. Introducción

Desde tiempos prehistóricos, el hombre ha tenido la necesidad de alimentarse y conservar los excedentes de alimentos que había recolectado. Es por ello que surge la necesidad, al igual que de cocinar, de crear técnicas de conservación y regeneración para disponer de alimentos en cualquier momento. No está claro cuáles fueron las primeras técnicas de conservación y regeneración, posiblemente el deshidratado natural de algunos alimentos como los cereales y legumbres.

Por lo tanto, la evolución del arte culinario no solo se ha basado en el descubrimiento de nuevas técnicas de cocción, sino que también ha ido ligada a los diferentes métodos de conservación y regeneración de alimentos o preparaciones culinarias.

La evolución de las técnicas de regeneración va asociada a los nuevos descubrimientos científicos que permiten conocer mejor las circunstancias por las cuales los alimentos se degradan y, por lo tanto, a la aparición de nuevos modelos de conservación, a la fabricación de nuevas maquinarias como los microondas y a la implantación de sistemas de cocción y conservación para grandes colectividades, como es el caso del catering.

Las técnicas de regeneración son aquellas que se aplican a los alimentos o a las elaboraciones que están previamente conservados. Por ejemplo, las pasas, cuya técnica de regeneración es el remojo en agua o almíbar, para su posterior utilización en la receta del *plum cake*.

Conocer los métodos de conservación y regeneración forma parte de la coherencia y el raciocinio de los profesionales a la hora de dirigir con éxito un establecimiento de hostelería.

2. Deducción y cálculo de las necesidades de género en función de las elaboraciones a desarrollar

El jefe de obrador es el encargado de calcular y deducir las elaboraciones básicas que se han de desarrollar en el taller de pastelería en función del trabajo que haya previsto para la jornada o jornadas posteriores.

Previamente ha debido de recibir una orden de trabajo con los eventos o pedidos demandados.

Nota

El departamento encargado de notificar las órdenes de trabajo está estrechamente ligado al departamento de dirección del establecimiento.

2.1. Fases que tienen lugar en la elaboración y preelaboración de múltiples aplicaciones

La elaboración de productos de pastelería y confitería tiene una amplia base común, por lo que una correcta organización en el proceso de obtención, facilitará el proceso, propiciando al mismo tiempo un mayor aprovechamiento tanto de las materias primas como del tiempo e insumos relacionados con la elaboración. Por ello, a continuación se muestran algunas de las fases más significativas.

Preelaboraciones

Consisten en procesar un producto tal y como se recibe del proveedor para dejarlo listo para elaborar.

- Retirar el pedido del almacén o economato, cuyo documento o vale de pedido ha realizado el responsable del obrador. Estos géneros en pastelería suelen ser:

    - Chocolates.
    - Harinas.
    - Huevos.
    - Natas.

- Leches.
- Cualquier otro ingrediente necesario.

- Distribuir la materia prima entre las zonas de preparación, tarea que realizarán aprendices y ayudantes.
- Descongelación, rehidratación, limpieza o regeneración de géneros.
- Puesta a punto de equipos e instalaciones, comprobando la limpieza y el funcionamiento de:

  - Hornos.
  - Fermentadora.
  - Batidora.
  - Amasadora.
  - Laminadora.
  - Cazo eléctrico.
  - Balanza.
  - Zonas de producción.
  - Mesas de trabajo.
  - Toda la maquinaria necesaria para llevar a cabo la jornada laboral.

- Acopio de útiles y herramientas:

  - Rodillos.
  - Varillas.
  - Tamiz.
  - Peroles.
  - Espátulas.
  - Medidores líquidos.
  - Mangas pasteleras.
  - Todas las herramientas o útiles necesarios para llevar a cabo la jornada laboral.

- Control y supervisión de limpieza e incidencias, tanto en maquinaria como en zonas de producción, y aplicación de medidas correctoras.

- Operaciones básicas de puesta a punto:

  - Encamisado o enfondado de moldes.
  - Engrasado de latas.

Elaboraciones previas que servirán de soporte a otras elaboraciones más complejas

Estas elaboraciones se pueden diferenciar por ser:

- **Preparaciones frías.** El montado de nata es un ejemplo claro de este tipo de preparación.

La nata requiere de refrigeración, facilitando así su emulsión.

- **Preparaciones calientes.** Los jarabes, las mermeladas, las cremas, etc., son varios ejemplos de este tipo de preparación.

La temperatura de cocción debe ser controlada en aquellas elaboraciones en las que esté presente el huevo como ingrediente debido a su posible coagulación.

Operaciones básicas

Se diferencian como operaciones básicas en el ámbito de la pastelería y confitería las siguientes:

- Batir.
- Mezclar.
- Tamizar.
- Amasar.
- Incorporar.

Procesos de batido, amasado, mezclado, laminado y tamizado.

Obtención de masas y pastas de múltiples aplicaciones que serán la base de otras elaboraciones más complicadas o complejas

Atendiendo a sus ingredientes y métodos de elaboración característicos se diferencian como principales masas y pastas básicas las siguientes:

- Bizcochos.

  - Ligeros.
  - Pesados.

- Hojaldres.
- Masas escaldadas.

  - Pasta *choux.*
  - Pasta de churros.

- Masas fermentadas.

  - Bollería.
  - Bizcochos pesados.

- Masas azucaradas.

  - Pasta brisa.
  - Pasta de corte.
  - Pastas de manga.

- Rellenos.

  - Pastelería dulce.
  - Pastelería salada.

- Jarabes.
- Coberturas o cubiertas.

  - Chocolate.
  - Yema.
  - Nata.
  - Crema.

Las operaciones descritas tanto en las preelaboraciones como en las elaboraciones incluyen aspectos como:

- Controlar en todo momento el proceso productivo.
- Manipular adecuadamente los alimentos como indica la normativa higiénico sanitaria en cuanto a la manipulación de alimentos.
- Modificar los alimentos solo lo necesario.
- Respetar los procesos de elaboración en todo momento y con especial atención a las elaboraciones que tengan un tratamiento térmico, asegurando en todo momento que se alcanza la temperatura indicada en el procedimiento.
- Minimizar en lo posible los tiempos de preparación.

3. Aprovisionamiento interno: formalización de documentación y realización de operaciones

El método de aprovisionamiento lleva consigo una serie de operaciones y formulismos en cuanto a recepción, conservación y almacenamiento en condiciones idóneas de la materia prima, para su posterior transformación y servicio.

3.1. Ejecución de operaciones en el tiempo y forma requeridos

Los establecimientos de hostelería son centros de una actividad dinámica en la que debe imperar el orden. Para que esta sea funcional y efectiva es necesario que exista una distribución por zonas en base al estado de la materia prima que se recibe, así como a la oferta que se quiere preparar.

Por ello, es necesario establecer criterios sobre las zonas o departamentos que se han de abastecer.

- Establecer circuitos principales y unidireccionales sobre materia prima fresca y elaborada.
- Evitar circulaciones coincidentes.
- Elaboración o conservación inmediata de la entrega.
- Distribución en base a los momentos adecuados a la producción, para evitar interrupciones y que la producción sea simultánea y fluida.

Cálculo del *stock* indispensable

Se tiene que tener la certeza de que en ningún momento los departamentos se puedan quedar sin género, de ahí la precaución, por parte del responsable del economato, de tener una cantidad de mercancía almacenada en previsión de accidentes imprevistos.

 Nota

La cantidad va a depender de la naturaleza de la mercancía (perecedera o no perecedera), pero en cualquier caso será mínima e indispensable para este menester.

La persona que controla el almacén tendrá la responsabilidad de:

- Controlar, a través de inventario, el almacén, las entradas y salidas.
- Control por proveedores de entradas y salidas mes a mes.
- Control de *stock* por producto, por unidades y por valor monetario periódicamente.
- Estadísticas por familia de productos, mes a mes.
- Tipos de proveedores, familias, IVA de compra por producto.
- Cálculo de la cantidad a pedir, en función del *stock* mínimo marcado en cada producto.
- Asegurar un mantenimiento y una limpieza adecuados y apropiados.
- Controlar las plagas.
- Vigilar la eficacia de los procedimientos de mantenimiento y saneamiento.
- Seguridad del personal y de productos alimenticios.

Lo habitual hoy en día es que un programa informático realice estas operaciones, administrando los datos la persona responsable, pero anteriormente a estos programas se hacía este control de forma manual. Así, la ficha descriptiva de los productos que entraban en el almacén constaba de las siguientes especificaciones:

Ficha técnica de especificaciones de un artículo

ARTÍCULO	CÓDIGO
ESTADO	ESPECIFICACIONES
Natural, refrigerado, congelado, conserva	
ESPECIFICACIONES	ESPECIFICACIONES
Vidrio, plástico, cartón, otros	
RACIÓN	ESPECIFICACIONES
Piezas enteras semi-racionado, racionado	
TRANSFORMACIÓN PREVIA	ESPECIFICACIONES
Crudo, precocinado, cocinado	
ASPECTO CUALITATIVO	ESPECIFICACIONES
Olor, color, textura, consistencia	
EMBALAJE	ESPECIFICACIONES
Peso	
Volumen	
N.º unidades	
Peso ración	
Stock máximo	
Rotación media	
VALOR NUTRITIVO	OBSERVACIONES
Calorías	
Hidratos de carbono	
Grasa	
Proteína	
Fibra	
Agua	

Cuantas más especificaciones de presentación en el mercado tenga un producto, la gestión de compras, almacenamiento y distribución a los distintos departamentos se hará con mayor control.

FICHA DE RECETA:				PAX:
TÉCNICAS DE COCCIÓN:	ELABORACIONES BÁSICAS DE MÚLTIPLES APLICACIONES:			TIEMPO APROXIMADO:
COMPOSICIÓN ALIMENTARIA:				APLICACIONES:
PRÓTIDOS	LÍPIDOS	GLÚCIDOS	CALORÍAS	
TÉRMINOS CULINARIOS:				
INGREDIENTES:	CANTIDAD	UNIDAD	PRECIO UDS.	PRECIO TOTAL
		COSTE TOTAL		
		COSTE DE LOS ALIMENTOS POR RACIÓN		
		BENEFICIO BRUTO		
		PVP		
ELABORACIÓN:				

Ficha técnica de elaboraciones culinarias

Pedidos

El funcionamiento cotidiano de un establecimiento de estas características está basado en un sistema predeterminado y perfectamente sincronizado, para evitar cualquier tipo de errores o despilfarro que redundarían de forma negativa en la política empresarial del establecimiento.

En lo concerniente a los pedidos, existen mecanismos de control como los vales de pedido, que reflejan el gasto de materia prima que se realiza en cada departamento.

 Importante

El vale de pedido es un documento interno usado por los establecimientos que se utiliza como moneda de cambio, basándose en las necesidades de cada departamento. Sirve como justificante de las salidas del economato o almacén e imputa los consumos o gastos a los departamentos que los realizan, por lo que la cantidad de productos retirada será dada de baja en la ficha de inventario permanente, a la vez que se incluya en el consumo diario.

En dicho documento constará:

▌ Nombre del departamento que hace la entrega (habitualmente el economato).
▌ Número del vale o documento.
▌ Nombre del departamento que lo solicita.
▌ Relación y cantidad de artículos solicitados.
▌ Fecha y firma del responsable del pedido (jefe o subjefe del departamento).

Recepción de materias primas

En la recepción de materias primas se tienen en cuenta los tipos de género que entran, siendo el primer paso para lograr una buena gestión del establecimiento.

Perecederos

Se denominan alimentos perecederos aquellos que comienzan una descomposición de forma sencilla. Agentes como la humedad, temperatura o presión son determinantes para que el alimento comience su deterioro. Estos alimentos deben conservarse en refrigeración.

 Nota

Los alimentos más perecederos son nata, leche, frutas y huevos.

No perecederos

Los alimentos semi-perecederos son aquellos que permanecen exentos de deterioro por más tiempo. Estos alimentos pueden conservarse a la temperatura ambiente si no es muy extrema. Aunque todos llevan fecha de caducidad por normativa alimentaria, los hay cuyo deterioro es a muy largo plazo, como en el caso de las especias o la miel.

 Nota

Alimentos no perecederos son los frutos secos, las conservas, etcétera.

Además de la naturaleza del género, se tiene en consideración que:

- La cantidad que se refleja en el albarán se corresponde con las cantidades que entran.

▪ La calidad se corresponde con la que se a acordado con el proveedor. Si no es así se rechaza.

▪ Si el artículo es refrigerado o congelado pasará rápidamente a donde corresponda sin romper la cadena de frío, habiéndose asegurado de que llega en perfectas condiciones.

▪ Controlar el sistema de almacenamiento en el economato o almacén, de tal forma que la mercancía que llega sea la última en pasar a la zona de producción (la más antigua se utiliza en primer lugar).

▪ Cada producto tiene su lugar reservado y en todo momento se sabe cuál es el lugar que le corresponde.

 Recuerde

La recepción de materias primas es el primer paso para lograr una buena gestión del establecimiento.

4. Actividades de prevención y control de insumos y procesos para tratar de evitar resultados defectuosos

El insumo es un producto consumible utilizado en el proceso productivo de otro bien. Este término es equivalente al de materia prima. Los insumos usualmente son denominados factores de la producción o recursos productivos.

En general los insumos pierden sus propiedades y características para transformarse y formar parte del producto final.

Para el caso de servicios, se alude a ellos como recursos de entrada en el proceso, cuyo flujo de salida es el servicio entregado.

Es el material inicial (materia prima, subproducto) que se incorpora al proceso para satisfacer diferentes necesidades.

Ejemplo

El hojaldre es un producto terminado que necesita de insumos para prepararlo. Estos insumos son la materia prima, es decir, los ingredientes utilizados en su elaboración:

▪ Harina.
▪ Agua.
▪ Sal.
▪ Grasa.

Existen múltiples formas de clasificar los insumos. Básicamente, se pueden dividir en dos:

- Trabajo (o mano de obra).
- Capital. Este capital es el que se conoce como capital físico o productivo (maquinaria, equipo, instalaciones, tecnología en general), que es distinto al capital financiero (líquido).

Nota

Por lo general, los insumos se miden en flujos.

Una buena manera para conservar los insumos es hacerlo basándose en sus propiedades organolépticas. Si se tratase de un insumo de origen animal, por ejemplo: leche, huevos, nata o mantequilla, lo más apropiado sería mantenerlos guardados y con una buena ventilación, o aislados en una cámara frigorífica.

Las **propiedades organolépticas de un alimento** son el conjunto de descripciones de las características físicas que tiene el alimento en general, como por ejemplo su sabor, textura, olor y color. Todas estas sensaciones producen al comer un efecto agradable o desagradable.

En algunas ocasiones estas propiedades son utilizadas para distinguir un alimento fresco de uno descompuesto. En algunos restaurantes o diversos negocios de alimentos son usadas para analizar los ingredientes o productos. Estas propiedades califican a los alimentos, por ejemplo en la cata o análisis sensorial del aceite de oliva. Según el resultado organoléptico, el aceite de oliva podrá recibir la calificación de extra virgen o, por lo contrario, ser descartado para el consumo directo, siendo un aceite lampante y enviado a las refinerías.

4.1. Procesos para tratar de evitar resultados defectuosos

Existe una polémica surgida sobre si la gestión de la Calidad Total es más filosofía que técnica, o viceversa. Lo que es cierto es que sin la filosofía inspiradora la calidad no puede existir. Por otro lado, si esta inspiración no se materializa en actuaciones concretas, no pasará de ser un sueño irrealizado. La combinación de la parte intangible con los mecanismos para su desarrollo es la asociación perfecta.

Bajo la denominación de herramientas para la calidad son muchos los instrumentos que se utilizan. A continuación, se mencionan los más importantes.

Manuales

Un manual es, en esencia, una recopilación de políticas y de procesos que la empresa adopta para el aseguramiento de la calidad.

Existen fundamentalmente dos tipos:

- Los que siguen una normativa tipificada y que van orientados a conseguir, además de la calidad, la posibilidad de ser incluidos en un registro de empresas adheridas al sistema.

■ Otros, más libres, que han sido concebidos de acuerdo con una metodología no normalizada.

El registro de la empresa viene a ser como un reconocimiento formal de que la misma se rige por normas de calidad y va orientado a que los clientes reales o potenciales tengan conocimiento de ello. Para ingresar en el registro han de redactar el manual, someter este a aprobación y, posteriormente, pasar un examen de aplicación.

Normas de la Bristish Standars Institution e Internacional Standars Organization

Al ser originariamente concebidas estas normas para organizaciones industriales, orientadas a los mercados internacionales, su sistemática y metodología resulta un poco extraña a las empresas de restauración. En estas, además, no existe ningún interés especial por estar incluidas en el registro, ya que los clientes que no conocen los establecimientos se guían por otras referencias (guías como la Michelín, RACE, *American Express,* etcétera).

 Importante

Aun cuando no existe tradición al respecto, es importante que las empresas de nuestro sector se hagan a la idea de que, adopten el sistema que adopten, es necesario que formulen por escrito tanto sus políticas como las especificaciones técnicas de los procesos. Estos, a su vez, deberán ser ampliados de forma descendente hasta llegar al detalle, con inclusión de las materias primas empleadas y el equipo a utilizar. Una receta de cocina, que contiene los ingredientes y el proceso de elaboración es un ejemplo de especificación.

Métodos de proceso de mejora continua

Estos métodos, propugnados por diferentes empresas internacionales de consultaría, van encaminados tanto a la implantación como a la alimentación del sistema y se basan fundamentalmente, con más o menos variantes, en el proceso circular siguiente:

- Apreciación de las expectativas del cliente.
- Diseño.
- Ejecución.
- Evaluación.
- Medidas correctivas.

Sistemas y métodos de resolución de problemas

Aun cuando la diferencia entre ambos términos puede no ser significativa, el término de sistema se utiliza para definir los diferentes procesos secuenciales propuestos para cubrir dicho objetivo. Así, por ejemplo, se establecen en dicho proceso los pasos siguientes:

- Definición del problema y análisis de si merece o no la pena solucionarlo.
- Analizar las posibles causas.
- Identificar las posibles soluciones.
- Seleccionar la mejor solución.
- Diseñar un plan de acción.
- Ejecutar el plan.
- Evaluar el progreso.

Con relación a los métodos, se utiliza esta expresión para aquellas técnicas susceptibles de ser utilizadas en uno o varios de estos pasos. Pueden usarse aislados o combinados, siendo este último el procedimiento más efectivo. Los métodos más empleados son:

- El *brainstorming* o tormenta de ideas.
- El diagrama causa-efecto de Ishikawa, también llamado de espina de pescado.
- El gráfico de Pareto, o regla 80/20, que defiende que el 80 % de los problemas pueden ser atribuidos al 20 % de las causas.
- El método de profundización hacia las raíces del problema, o de los sucesivos porqués.
- El de valoración de criterios, que se aplica a la selección de soluciones.

Diagrama causa-efecto de Karou Ishikawa

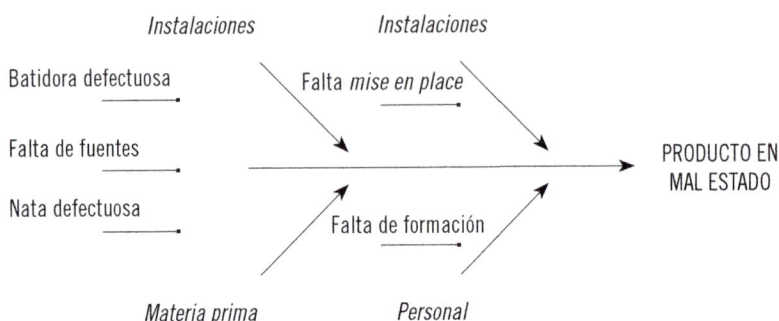

 Aplicación práctica

Usted es contratado para supervisar el sistema de calidad de una empresa. En su sistema de evaluación, ¿qué indicadores o criterios va a establecer o evaluar?

SOLUCIÓN

Evaluación de los productos terminados:

I Si se trata de una empresa de restauración con una típica organización de servicios, estos productos no estarán terminados hasta ser consumidos por lo que la evaluación resultará de gran dificultad, pudiendo llevarse a cabo por métodos indirectos, como cuestionarios de satisfacción al cliente.

Evaluación interna:

I Constituye un importante mecanismo para la compresión de la organización en cuanto a cultura, valores, objetivos, relaciones y equipo humano. También se evalúan otras partes más tangibles como materias primas y procesos de producción.
I Aunque se escapa al ámbito de la evaluación interna, es necesario supervisar la relación con proveedores, asegurando la relación empresa-proveedor y comprobando el grado de confianza mutua entre ambos.

5. Regeneración y/o acondicionamiento de materias primas en pastelería y repostería

La regeneración es una parte importante y variada dentro de la práctica de las elaboraciones culinarias del tipo que sean. Por lo tanto, se puede definir la regeneración en gastronomía como:

- El proceso por el que pasan los alimentos desde su estado de conservación hasta ser manipulados o puestos a temperatura de consumo.
- Recalentar los alimentos a temperaturas de consumo.
- Rehacer o reponer las características iniciales de productos y elaboraciones culinarias.

 Nota

El campo de la regeneración está directamente ligado a los procesos de cadena o línea fría.

Se pueden establecer diferencias entre las distintas formas de regenerar en función del producto que se regenera:

- Materia prima.
- Preelaboraciones de la materia prima.
- Elaboraciones básicas de pastelería.

Además, se establecen diferencias entre materias primas congeladas y la regeneración de elaboraciones ya terminadas y que son sometidas posteriormente a procesos de conservación en frío.

En el caso de los productos congelados, la descongelación se hará en cámaras de refrigeración, a temperaturas no superiores a 2 °C. Su utilización será inmediata, en consonancia con la normativa legal.

Una vez retirada del frío se procederá sin demora a su tratamiento.

De igual forma, hay que tener la certeza de que se ha producido una descongelación-regeneración correcta, teniendo la seguridad de que la descongelación llega al centro del producto.

 Importante

En caso de comidas elaboradas, la normativa hace referencia a que estas preparaciones, refrigeradas, congeladas o ultracongeladas, se regeneren inmediatamente antes de su consumo con los procedimientos acordes a la regeneración, hasta alcanzar los 70 ºC el centro del alimento, manteniéndolos a esta temperatura no más de dos horas.

La descongelación de la comida congelada se realizará introduciéndola directamente en los equipos apropiados para su puesta a temperatura de consumo. La comida que ha tenido un proceso de regenerado no podrá ser recongelada o recalentada bajo ningún concepto.

Al mismo tiempo es el proceso que va a determinar la calidad final del producto, ya que, aunque la cocción, el acondicionamiento, el abatimiento, la conservación, el emplatado y la distribución se hayan realizado correctamente, el resultado final puede verse comprometido en el proceso de regeneración.

Una inadecuada regeneración puede tener simplemente su origen en el proceso químico de transformación que sufre el alimento cocinado al ser enfriado y regenerado. Salvando esta situación, en líneas generales, una buena regeneración está condicionada por:

- Temperatura.
- Tiempo.
- Humedad.

- Método o sistemas de calentamiento.
- Progresión e inercia del calentamiento.

La regeneración puede realizarse mediante distintos equipos destinados en este menester:

- Hornos dotados de sistemas de regeneración.
- Microondas específico.
- Armario y carro de regeneración.

La utilización de uno u otro equipo básicamente vendrá determinada por el tipo de acondicionamiento, por el volumen de alimento a regenerar o por el tipo de servicio.

La clara determinación del tipo de proceso que se plantee definirá cuál es el tipo de regeneración más adecuado.

Como norma general, en restauración colectiva la regeneración debe realizarse a una temperatura mínima de 75 °C mediante calentamiento progresivo que garantice la aportación de calor controlada por termostato plato a plato, de forma que, en función de la cantidad de cada ración, se aporte la temperatura necesaria.

El sistema más agresivo es el aire forzado, que requiere de un calentamiento a 138 °C para alcanzar en el interior del alimento los 70 °C en el tiempo necesario. Este sistema somete a esta temperatura a todos los elementos estructurales del propio regenerador (bandejas, vajillas, etcétera), con el desgaste que eso conlleva.

5.1. Regeneración de alimentos tratados con la técnica de vacío

Los productos o elaboraciones preparados al vacío mediante una cocción indirecta, con su posterior enfriamiento y conservación, requieren ser regenerados en el momento del pase, a menos que deban consumirse en frío.

El objetivo de este proceso es recuperar la temperatura con una mínima agresión al producto.

Existen dos posibilidades:

- Si el producto ya está listo para su consumo y en caso de que no esté prevista una doble cocción, se puede regenerar el producto de varias maneras:

    ▪ En el propio envase: bastará con calentarlo en el termo de cocción o en un ambiente húmedo: baño maría convencional, horno de vapor, etcétera.
    ▪ Fuera del envase: en otro envase, regenerando con un sistema tradicional: horno, parrilla, sartén, microondas, etcétera.

- Si el producto precisa de una doble cocción. Las cocciones al vacío no pueden aportar las particularidades que se consiguen con los métodos de cocción tradicional, por ejemplo las reacciones de Maillard o la caramelización, por lo que se puede dotar al producto cocido al vacío de las ventajas de la cocción tradicional: marcar el producto antes de la cocción al vacío o marcar el producto después de la cocción al vacío. Es importante señalar que la doble cocción no es solo una manera como otra de regeneración. Cuando se utiliza este sistema se busca un resultado que combine las dos cocciones y, por tanto, las particularidades que ambas ofrecen.

 Definición

Reacciones de Maillard
Son un conjunto complejo de reacciones químicas que se producen entre las proteínas y los azúcares que se dan al calentar los alimentos. Se trata básicamente de una especie de caramelización de los alimentos. Es la misma reacción la que colorea de marrón la costra de la carne mientras se cocina al horno o a la plancha. Los productos mayoritarios de estas reacciones son moléculas policíclicas, que aportan sabor y aroma a los alimentos, aunque también pueden ser cancerígenas.

Aplicación práctica

Imagínese con la responsabilidad de tener que llevar a cabo la organización de un almacén o economato de un establecimiento de hostelería. ¿Qué consideraciones tendrá en cuenta para el buen funcionamiento del almacén?

SOLUCIÓN

I. Controlar, a través de inventario, el almacén, las entradas y salidas

II. Control por proveedores de entradas y salidas mes a mes.

III. Control de *stock* por producto. Se llevará el control por unidades y por valor monetario periódicamente.

IV. Estadísticas por familia de productos, mes a mes.

V. Tipos de proveedores, proveedores, familias, IVA de compra por producto.

VI. Cálculo de la cantidad a pedir de cada producto en función del *stock* mínimo marcado.

VII. Asegurar un mantenimiento y una limpieza adecuados y apropiados.

VIII. Controlar las plagas.

IX. Vigilar la eficacia de los procedimientos de mantenimiento y saneamiento.

---

6. Identificación, manejo y parámetros de control de los equipos asociados

Los equipos más representativos en la conservación y regeneración de los alimentos, así como las fases y riesgos en la ejecución, son los siguientes:

- Cámara de refrigeración.
- Cámara de congelación.
- Armario caliente de regeneración.
- Baño maría.
- Horno de convención.
- Horno microondas.
- Freidora.

Para incrementar la eficacia y productividad en los procesos de regeneración y conservación, consiguiendo la utilización máxima de los equipos y mantener elevados niveles de calidad, se tiene en cuenta el siguiente diagrama de flujo en todos los procesos:

DIAGRAMA DE FLUJO DE LOS ALIMENTOS
Recepción y almacenamiento de la materia prima.
Preelaboración.
Elaboración culinaria.
Tratamiento térmico.
Conservación frío.
Regeneración.
Servicio, emplatado.

6.1. Equipos asociados a la conservación y regeneración de alimentos

El mercado nos ofrece infinidad de productos destinados a la conservación y regeneración de alimentos, los más destacados son:

Equipos asociados a la conservación

Se diferencian como más usuales y comunes en el ámbito de la pastelería repostería los que se describen a continuación.

Cámara de refrigeración

Esta tecnología se aplica para conservar los alimentos crudos, semielaborados y elaborados. Son espacios amplios dotados de grandes ventiladores que esparcen frío de forma constante. En la cavidad de la cámara las temperaturas idóneas son:

- Frutas y verduras: entre 6 y 8 °C.
- Lácteos y ovoproductos: entre 2 y 4 °C.
- Productos de pastelería semielaborada o elaborada con productos perecederos: entre 2 y 4 °C.

*Cámara de refrigeración panelable dotada de estanterías para facilitar su
ordenamiento, asegurando la calidad de los productos*

Cámara de congelación

Esta tecnología se aplica para conservar los alimentos crudos, semielaborados y elaborados. Igual a la refrigeración, la diferencia entre ambas
es la temperatura, que será de -18 ºC.

Diferentes modelos de cámaras de congelación

Abatidor de temperatura

Esta máquina sirve para bajar rápidamente la temperatura de todos aquellos productos elaborados que alcancen temperaturas que sobrepasen los 5 ºC, temperatura en la cual la multiplicación bacteriana es exponencial. Es especialmente útil e imprescindible para bajar la temperatura de fondos, estofados, cremas elaboradas con lácteos y ovoproductos, etcétera.

Dependiendo del programa que se aplique puede bajar la temperatura:

- Refrigerando, desde los 75 a 4 ºC, en dos horas.
- Congelando, desde los 75 a -18 ºC, en cuatro horas.

Abatidor de temperatura

Equipos asociados a la regeneración

Se diferencian como más usuales y comunes en el ámbito de la pastelería repostería los que se describen a continuación.

Armario caliente de regeneración

Esta tecnología permite regenerar alimentos que hayan sido sometidos a un proceso previo de cocinado y posterior conservación.

▌ Se utiliza para el mantenimiento de la comida hasta la hora del servicio a temperatura de consumo.

▌ La temperatura máxima del interior del carro es de 105 ºC y la temperatura de regeneración es de 75 ºC en el interior de los géneros.

▌ El producto debe alcanzar la temperatura de consumo en un tiempo inferior a 2 horas.

▌ Una vez alcanzada la temperatura de consumo, se mantienen los alimentos sin que esta temperatura sea inferior a 75 ºC en ningún momento.

Los armarios de regeneración permitirán la puesta a punto de masas, ingredientes o productos ya elaborados para consumo directo.

Baño maría

Tecnología que permite regenerar alimentos que hayan sido sometidos a un proceso de cocinado previo y posterior conservación. Esta técnica se emplea en recetas terminadas que necesitan de regeneración o recalentamiento.

 Definición

Baño maría termostático
Es un método que, además de para cocinar alimentos, es empleado en las industrias farmacéutica y cosmética con el fin de conferir una temperatura constante y uniforme a

Continúa en página siguiente >>

<< Viene de página anterior

una sustancia sólida o líquida, o para calentarla lentamente, sumergiendo el recipiente que la contiene en otro mayor con agua que se lleva a ebullición.

Se utiliza para el mantenimiento de la comida a temperatura de consumo hasta la hora del servicio.

La temperatura máxima que llega a alcanzar es de 100 °C, aunque la ideal de regeneración es de 75 °C en el interior de los géneros.

Los alimentos a regenerar con baño maría se depositan en recipientes gastronómicos propios.

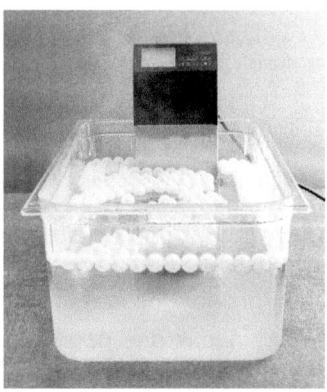

El baño maría puede ser eléctrico o a gas, presentar diferentes formatos y calidades según las necesidades de producción.

Horno de convención

Esta tecnología permite regenerar alimentos que hayan sido sometidos a un proceso previo de manipulación o cocinado y posterior conservación, con los siguientes inconvenientes:

- El exceso de tiempo reseca el género.
- No admite caldos.

Horno de convención

Horno microondas

Es una tecnología que permite regenerar alimentos que hayan sido sometidos a un proceso de manipulación (alimentos crudos, naturales) o con cocinado previo (platos terminados para su consumo) y que posteriormente se han conservado.

 Sabía que...

Alrededor de 1946, Percy Spencer, ingeniero norteamericano, estaba probando un nuevo tubo para un radar llamado magnetrón cuando descubrió que un dulce que tenía en su bolsa se había derretido. Intrigado y pensando que quizá la barra de chocolate había sido afectada casualmente por esas ondas, el doctor Spencer hizo un experimento. Esta vez colocó algunas semillas de maíz para hacer palomitas cerca del tubo y, permaneciendo algo alejado, vio con una chispa de inventiva en sus ojos cómo el maíz se movía, se cocía e hinchaba y brincaba, esparciéndose por todo el laboratorio. Había descubierto otra forma de cocinar alimentos.

Con el horno microondas se tendrá en cuenta:

- Algunos modelos de microondas no admiten recipientes metálicos.
- El exceso de tiempo reseca el género por la pérdida de agua.

▮ Tener precaución con los líquidos pues hierven de forma brusca al recalentarlos. No regenerarlos con cierres herméticos, ya que el vapor de agua que se genera en el interior puede hacer estallar el recipiente.

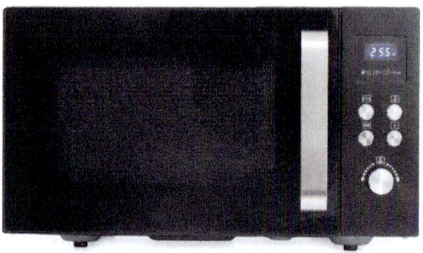

Horno microondas

Freidoras

Esta tecnología permite regenerar alimentos que hayan sido sometidos a un proceso de manipulación o cocinado previo, teniendo en cuenta que:

▮ No admite géneros con alto porcentaje de agua.

Freidora

Aplicación práctica

Imagínese con la responsabilidad de tener que hacer tarta de nata y yema pastelera para un evento importante. ¿Qué métodos y equipos utilizaría para reducir los riesgos de contaminación alimenticia a cero?

SOLUCIÓN

Para la crema de yema:

▌ Pasteurización

Llevar la crema de yema a una temperatura de 90 ºC en el centro de la mezcla.

▌ Refrigeración

Utilizar el abatidor de temperatura bajando la temperatura de la crema a 4 ºC en un intervalo nunca superior a las dos horas.
Mantener en la cámara de refrigeración hasta el momento de realizar la tarta y volver a refrigerar manteniendo la cadena de frío hasta que sea servida. Si se sirve después de 24 horas se aconseja la congelación.

Para la nata:

▌ Refrigeración

Bajar la temperatura de la nata antes de abrir el envase. Esto debe ser sobre 3 ºC o 4 ºC. Mantener esta temperatura durante el manipulado de la tarta y mantener en refrigeración hasta ser servida. Si hasta el momento de ser consumida fuesen a pasar más de 24 horas es aconsejable la congelación una vez terminada la tarta.

7. Resumen

Conocer los métodos de conservación y regeneración, junto con los conocimientos necesarios para realizar la logística o el acopio justo de materia prima a la hora de aprovisionar el establecimiento, para el perfecto funcionamiento de este, forma parte de la coherencia y el raciocinio de los profesionales a la hora de dirigir con éxito un establecimiento de hostelería.

La deducción y cálculo de las necesidades de género en función de las elaboraciones a desarrollar es fundamental, así como conocer las distintas fases que tienen lugar en la elaboración y preelaboración de múltiples aplicaciones.

De igual modo, se hace preciso un control en el aprovisionamiento interno y de la formalización de la documentación de las operaciones realizadas, en el cálculo del *stock* indispensable, en la relación de pedidos y en la recepción de materias primas.

Por último, es necesario llevar a cabo una serie de actividades de prevención y control de insumos y procesos para tratar de evitar resultados defectuosos, teniendo en cuenta las causas que intervienen en la regeneración y conociendo los equipos necesarios.

Ejercicios de repaso y autoevaluación

1. **Se dice que un proveedor tiene solvencia cuando...**

    a. ... garantiza en todo momento el servicio del producto.
    b. ... sirve el género bien refrigerado.
    c. ... sirve el género con la fecha de caducidad correcta.
    d. ... no pone inconvenientes a la hora de servir el pedido.

2. **Se puede entender como preelaboraciones...**

    a. ... poner los géneros en remojo.
    b. ... poner los géneros en descongelación.
    c. ... poner los géneros a 100 ºC.
    d. ... poner un producto recibido del proveedor en condiciones de poder elaborarlo.

3. **¿Qué es una operación básica de pastelería?**

    a. Aquella que lleva gran cantidad de huevos.
    b. Aquella que va a servir para elaborar otras más complejas.
    c. Aquellas que después de hacerlas se envasan al vacío.
    d. Aquellas que se utilizan en decoración.

4. **Son operaciones básicas:**

    a. Batir, mezclar, amasar.
    b. Cocer, laminar, decorar.
    c. Freír, espolvorear, gratinar.
    d. Ninguna de las mencionadas son operaciones básicas de pastelería.

5. **El vale de pedido se utiliza como...**

    a. ... documento para pedir géneros perecederos.
    b. ... documento para hacer pedido directamente a los proveedores.
    c. ... documento donde se anotan las incidencias ocurridas durante la jornada.
    d. ... documento interno utilizado entre los departamentos.

6. ¿Qué es un alimento perecedero?

    a. Aquel que no precisa de conservación.
    b. Alimento rico en hidratos de carbono.
    c. Aquel que debe tener un tratamiento térmico antes de utilizarlo.
    d. Aquel que comienza la descomposición de forma rápida y sencilla.

7. ¿Qué es un albarán?

    a. Un documento para llevar el control de la gestión del economato.
    b. Un documento que utiliza el jefe de obrador para hacer pedidos al almacén.
    c. Una elaboración básica de múltiples aplicaciones.
    d. Un documento mercantil que acredita la entrega de un pedido.

Capítulo 2

Elaboración de cremas o rellenos dulces

Contenido

1. Introducción
2. Principales tipos de cremas
3. Identificación, formulación y secuencia de operaciones propias de cada elaboración
4. Determinación del punto de montaje, batido, consistencia y características propias de cada crema
5. Análisis de las anomalías y defectos más frecuentes. Posibles correcciones. Conservación y normas de higiene
6. Identificación de los productos finales adecuados para cada tipo de crema
7. Resumen

1. Introducción

Actualmente, la oferta de productos de pastelería-repostería dentro de nuestra gastronomía, además de ser extensa y completa, goza de un gran protagonismo, tanto por su variedad como por su creatividad.

Es evidente que las recetas tradicionales son la base de la pastelería-repostería, independientemente de los cambios y modificaciones que han sufrido para adaptarse a los tiempos actuales. Entre otras cuestiones, estos cambios se producen por la imposición de normas que han afectado sobremanera a los productos dulces.

El culto al cuerpo ha hecho que el consumo de estos productos se vea reducido, sacrificando de la dieta diaria los postres debido a su alto contenido en azúcar y grasa, aunque para llevar una dieta equilibrada y sana no es necesario eliminarlos de nuestra dieta, siendo suficiente tomarlos con moderación.

La forma de recuperar el consumo pasa por una labor profesional creativa, sin perder de vista los patrones seguidos hasta ahora y las tendencias y productos nuevos que se han incorporado al mercado.

En este capítulo se van a desarrollar las cremas que en su composición llevan como ingrediente básico el huevo y las cremas que en su proceso de elaboración han de ir batidas y emulsionadas.

2. Principales tipos de cremas

Se diferencian principalmente tres tipos de cremas:

- Las **cremas con huevo,** donde podemos enmarcar la crema pastelera, la crema de mantequilla, etcétera.
- Las **cremas batidas,** donde aparecen la crema muselina, la crema de moka, la nata montada, etcétera.
- Las **cremas ligeras,** como la *chantilly,* entre otras, se agruparán en las cremas batidas por su similitud.

2.1. Cremas con huevo

Las cremas con base de huevo forman parte de un grupo numeroso de elaboraciones de pastelería en que el huevo es el elemento principal, acompañado de otros ingredientes, se pueden obtener diferentes sabores y preparados. Estas elaboraciones con huevo resultan muy untuosas y aportan densidad y espesor a la crema una vez que se han sometido a los efectos del calor.

 Nota

Las cremas con huevo pueden ser utilizadas como postres directamente, como en el caso de los flanes y púdines, o bien como el relleno o complemento de otras elaboraciones más complejas, como los helados.

Los ingredientes o materias primas que más se utilizan en la elaboración de estas cremas son:

- Huevos.
- Leche.
- Azúcar.
- Harina.
- Almidón.
- Mantequilla.
- Nata.
- Aromatizantes como canela, vainilla, piel de limón o licores.

Crema pastelera

Es una crema básica de uso cotidiano en la pastelería, con origen incierto, pues no está documentado. Sin embargo, se cree que la crema data de principios del siglo XIX, cuando las pastelerías alcanzan su mayor auge.

Los ingredientes empleados para la elaboración de la crema pastelera son los comunes de cualquier crema con huevo, sufriendo variaciones en su elaboración dependiendo del empleo que se les dé.

 Nota

También existen variantes desde el punto de vista económico. Así, cabe citar las cremas pasteleras con fécula o harina, que permitirán una menor utilización de huevo, adición de colorantes, etcétera.

Algunos postres tradicionales elaborados con crema pastelera son: las berlinesas, las roscas de pascua, etcétera.

Por otro lado, a partir de la crema pastelera se pueden elaborar múltiples derivados:

- Crema pastelera perfumada.
- Crema pastelera de café.
- Crema pastelera de licor.
- Crema cocida ligera.
- Crema *Saint-Honoré.*
- Crema muselina.
- Crema diplomática.

Recuerde que en la elaboración de la crema pastelera no se podrán superar temperaturas de más de 70 ºC, ya que se formarían grumos debido a la coagulación del huevo.

Crema pastelera para hornear

Es considerada como una derivada de la crema pastelera. Su uso es más restringido, pues aunque sus ingredientes son comunes a la crema pastelera, su textura es mucho más firme, aunque en postres horneados trasmite una textura muy cremosa.

No se utiliza como postre directamente, sino como relleno o complemento de otras elaboraciones complejas, como hojaldres, tartas, etcétera. Además, esta crema es apta para poder ser gratinada o quemada con la pala de quemar o soplete.

La crema pastelera para hornear presenta una textura más firme, facilitando su gratinado o quemado.

 Nota

Al igual que la crema pastelera, esta elaboración puede ser perfumada con licores o infusiones, y coloreada con ingredientes como café, puré de frutas, etcétera.

Crema de yema

Esta preparación tradicional goza de gran importancia, aunque su utilización está reservada fundamentalmente a cubrir las elaboraciones pasteleras, que posteriormente pueden ser quemadas, abrillantadas, etcétera.

No se utiliza como postre directamente, aunque sus ingredientes son muy parecidos a los ingredientes de la elaboración pastelera conocida como tocino de cielo.

Al igual que las elaboraciones anteriores, puede ser aromatizada con algún licor, pero no suele ser habitual.

La crema de yema presenta una coloración más intensa debido a la mayor concentración de yema.

Crema de mantequilla

La crema de mantequilla, perfumada con vainilla u otro aroma, sirve para rellenar tartas de cualquier tipo, así como decorar, pudiéndose adicionar de colorantes alimentarios. Debido a la simplicidad de ingredientes en su elaboración (mantequilla y azúcar), estos deben ser de primera calidad, recomendando el uso de mantequilla fresca.

Magdalenas decoradas con crema de mantequilla aromatizada

Nota

Las cremas de mantequilla han perdido importancia por su alto contenido graso, aunque actualmente la mantequilla se puede reemplazar por grasas vegetales modificadas de calidad, que no contienen tantos ácidos grasos saturados y dan prácticamente el mismo resultado.

2.2. Cremas batidas y ligeras

Se consideran cremas batidas las que, habiendo sufrido este proceso técnico, dan como resultado cremas con gran volumen, esponjosas y suaves. Las cremas batidas forman parte de un grupo de elaboraciones de pastelería en el que la nata es el elemento principal. Acompañada de otros ingredientes, se pueden obtener diferentes sabores y preparados. Estas elaboraciones con nata resultan muy esponjosas o espumosas.

 Nota

Las cremas batidas se pueden utilizar como postres, cubiertas de tartas y pasteles o como rellenos de tartas, pasteles y bombones.

Crema de almendras

Esta crema se puede encuadrar en los pralinés, que son elaboraciones que llevan frutos secos triturados y azúcar al 50 %, siendo su textura untuosa, debido a la grasa aportada por el fruto seco utilizado. Su origen es incierto, pero se atribuye a la ciudad de Montargis, en el centro de Francia.

La crema de yema presenta una coloración más intensa debido a la mayor concentración de yema de huevo en su formulación.

Crema muselina

Esta crema es una crema de mantequilla en la que el elemento principal no es la nata. El esponjamiento de la crema lo dan las claras de huevo en forma de merengue.

Derivadas de la crema muselina

Una vez obtenida la crema muselina podemos modificarla, agregándole a esta crema base el sabor, aroma y color que deseemos.

 **Ejemplo**

Muselina de fresa, chocolate, menta, toffe, café (moka), etcétera.

No hay que abusar de esta crema, ya que, si bien es una crema de mantequilla, puede resultar algo empalagosa si se utiliza en grandes cantidades.

Crema de moka

La crema de moka recibe el nombre al llevar en su composición café, bien sea café líquido o en forma de café soluble en polvo.

Esta crema es una crema derivada de otras cremas base, que son:

- Crema de mantequilla a la que se adiciona café o café soluble.
- Crema *chantilly* a la que se adiciona café o café soluble.

Tarta elaborada a base de crema de moka con base de mantequilla

Crema de trufa

Es una crema que goza de gran popularidad y aceptación dentro de la gastronomía, además de intervenir en un sin fin de elaboraciones en las que está presente el chocolate.

La calidad del chocolate utilizado repercutirá de forma directa en la elaboración.

Crema chantilly

Esta crema con denominación propia es muy simple. Tiene muchas varian-tes, pero aunque valga como base de otras, en el momento de añadirle otro sabor se desvirtúa, perdiendo su nombre propio *(chantilly)* para convertirse en chantilly de… (nombre del ingrediente que se incorpora).

*Crema chantilly
con vainilla natural*

Crema fondant

Esta crema ligera, empleada como relleno o recubrimiento de preparacio-nes pasteleras, tiene como ingredientes principales el agua y el azúcar, aunque se puede realizar a partir de muchos otros ingredientes.

Aunque su uso principal es decorativo, aporta a la elaboración sabor y textura.

Tarta nupcial cubierta con fondant

 Consejo

Esta crema debe quedar brillante y fina y, al ingerirla, debe fundirse en la boca.

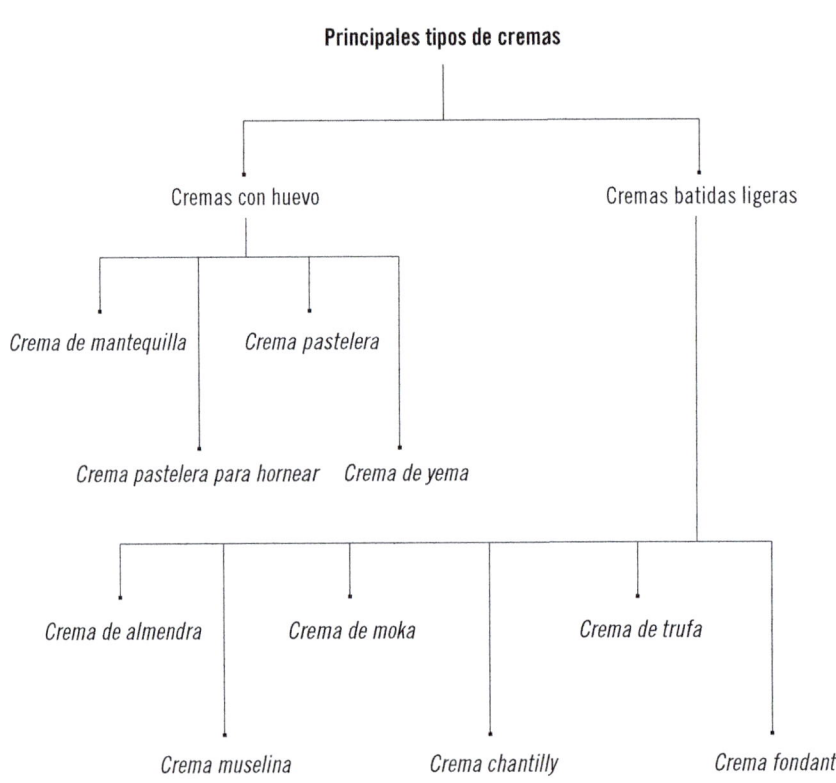

3. Identificación, formulación y secuencia de operaciones propias de cada elaboración

Pese a contar con ingredientes comunes, el proceso de elaboración de un producto será determinante. De ahí, con ingredientes básicos como la grasa, la harina y los huevos, serán infinitas las posibilidades a desarrollar.

A continuación se describen por familias dichas elaboraciones diferenciando entre cremas de huevo y cremas batidas y ligeras.

3.1. Cremas de huevo

La crema de huevo por excelencia es la crema pastelera, aunque no la única, ya que además de poderse contemplar una gran variedad y calidades respecto a sus ingredientes, la finalidad de uso también será determinante, poniendo como ejemplo la crema pastelera para hornear.

Crema pastelera

Es una crema básica de uso cotidiano en pastelería.

Los ingredientes empleados para la elaboración de la crema pastelera son los que a continuación se redactan, no obstante puede sufrir variaciones en su elaboración, dependiendo del empleo que se dé a la crema.

 Importante

Según la utilización para la que va a estar destinada la crema se utilizará una u otra fórmula, consiguiendo diferentes tonalidades y costos.

Receta

Crema pastelera

<u>Ingredientes</u>

| Leche 1 l
| Azúcar 220 g
| Yemas 7 uds.
| Harina floja 75 g
| Almidón 25 g
| Vainilla 1 uds.
| Canela en rama 1 uds.
| Piel de limón o naranja 1 piel

<u>Elaboración</u>

1. Poner la leche a hervir (reservando 1/5 del total), infusionándola con los aromatizantes.
2. Mezclar en un recipiente semiesférico o de medio punto el azúcar y los almidones. Mezclar bien con el batidor y añadir la leche que se ha reservado. Remover con batidor hasta diluir por completo la mezcla.
3. Agregar las yemas de huevo y batir bien la mezcla hasta conseguir una papilla. *Consejo:* si se cambian las yemas por huevos enteros en la misma proporción, la crema perderá calidad en cuanto a sabor se refiere, pero será bastante más económica al utilizar menos huevos (la yema pesa aprox. el 35 % del peso total del huevo).
4. Una vez infusionada y hervida la leche, añadir a la papilla anterior fuera del fuego, sin parar de remover hasta diluir por completo la mezcla. Pasar el conjunto por un chino y volver a poner al fuego hasta que rompa a hervir la crema. Cuando ha cogido consistencia, se retira del fuego y se enfría:

   | Directamente en el abatidor de temperaturas.
   | Volcando la crema sobre la mesa, que estará escrupulosamente limpia para que se airee y enfríe con rapidez.

5. Una vez fría la crema, recoger en un recipiente apropiado con cierre hermético o taparla totalmente con papel film y reservarla en refrigeración hasta el momento de la manipulación.

Crema pastelera para hornear

Esta crema es utilizada en elaboraciones que van terminadas en el horno o bien que se pueden gratinar o quemar con la pala de quemar o el soplete.

Los ingredientes para esta crema son los mismos de la crema pastelera, lo que cambia son las cantidades de algunos, aumentándolos. Lo que espesa la crema es lo que se viene a denominar la carga. De esta manera, se podría espesar la crema aumentando en un 20 % los almidones que intervienen en la composición de la receta o los huevos.

Existen otras cremas que también pasan por un proceso térmico después de estar hechas:

- La yema quemada.
- La crema catalana.

 Sabía que...

Según el gremio de pastelería catalán, los hebreos fueron los creadores de la receta de crema catalana, debido a su afición por los postres lácteos, extendidos en la fectividad de San José.

Receta

Crema pastelera para hornear

Ingredientes

- ı Leche 1 l
- ı Azúcar 220 g
- ı Yemas 7 uds.
- ı Harina floja 90 g
- ı Almidón 30 g
- ı Vainilla 1 ud.
- ı Canela en rama 1 ud.
- ı Piel de limón o naranja 1 piel

Elaboración

La elaboración de esta crema es igual a la de la crema pastelera normal.

En cuanto a la *yema quemada:*

1. Cocinar al fuego 100 g de huevo con 300 g de azúcar lustre.
2. Proceder como en la crema de yema, que se explica a continuación. Es ideal para quemar con pala o con soplete.

En cuanto a la *crema catalana:*

3. A la hora de servirla se espolvorea con azúcar granillo y se quema con la pala de quemar.

La tarta de San Marcos tiene como cubierta crema de yema tostada.

Proceso de caramelización crema catalana con soplete

Sabía que...

Según los historiadores, la crema catalana puede tener origen medieval. El día más significativo de consumo de esta crema es el día 19 de marzo, representando la entrada de la primavera o la festividad de San José.

Crema de yema

Esta crema se puede hacer de dos formas diferentes:

- Yema fina (más calidad).
- Yema pastelera (más económica).

Receta

Yema fina

<u>Ingredientes</u>

- Agua 2 dl
- Azúcar 500 g
- Yemas 500 g

<u>Elaboración</u>

1. Poner a cocer el agua y el azúcar hasta tener un jarabe a punto de hebra floja.
2. En otro recipiente semiesférico, poner las yemas y añadir el jarabe anterior, mezclar todo bien y pasar por un chino para quitar posibles impurezas.
3. Poner esta mezcla al fuego y, cuando dé el primer hervor, retirarla y volcarla sobre la mesa de trabajo limpia (de acero inoxidable o mármol).
4. Recogerla y conservarla hasta su utilización. Es importante manipularla cuando esté completamente fría.

 **Receta**

Yema pastelera

<u>Ingredientes</u>

- Agua 4 dl
- Azúcar 800 g
- Huevo 800 g
- Almidón 50 g
- Vainilla c/s

<u>Elaboración</u>

1. Poner en un recipiente apropiado el azúcar y el almidón y mezclar bien.
2. Añadir el agua, mezclar y, a continuación, poner los huevos y la vainilla.
3. Poner esta mezcla al fuego, removiendo bien por todas partes en círculo y en cruz y, cuando dé el primer hervor, retirar y volcar sobre la mesa de trabajo limpia (de acero inoxidable o mármol).
4. Recoger y conservar hasta su utilización. Es importante manipularla cuando esté completamente fría.

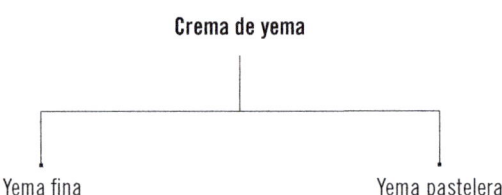

Crema de yema

Yema fina — Yema pastelera

Crema de mantequilla

Las cremas de mantequilla han perdido importancia por su alto contenido graso, aunque actualmente la mantequilla se puede reemplazar por grasas vegetales modificadas de calidad, que no contienen tantos ácidos grasos saturados y dan prácticamente el mismo resultado que la mantequilla.

 **Receta**

Crema de mantequilla

<u>Ingredientes</u>

- Azúcar 800 g
- Mantequilla 600 g
- Glucosa 100 g
- Agua 200 ml
- Se puede enriquecer añadiendo 50 g de yema pasteurizada.
- Se puede adicionar con el sabor que se quiera: chocolate, café, etcétera.

<u>Elaboración</u>

1. Hervir en un recipiente adecuado el azúcar y la glucosa con el agua y dejarlo atemperar a 25 ºC.
2. Poner la mantequilla en pomada y montar en la batidora e ir incorporando el jarabe poco a poco, dando tiempo a la mantequilla para que lo absorba en una mezcla homogénea. Si el jarabe estuviese demasiado caliente fundiría la mantequilla, por eso debe atemperarse.

Hay una variante para esta crema: montando en la batidora a partes iguales un merengue terminado con mantequilla en pomada.

3.2. Cremas batidas y ligeras

Los ingredientes o materias primas que más se utilizan en la elaboración de estas cremas son:

- Azúcar.
- Nata o crema de leche fresca.
- Frutos secos (almendra, avellana).
- Chocolates.
- Mantequilla.
- Huevos.

- Gelatina.
- Aromatizantes: canela, café, café soluble, vainilla o licores.

No en todas las elaboraciones intervienen todos los ingredientes. Además, hay elaboraciones en las que se usará algún otro ingrediente. El único ingrediente que estará presente en todas las elaboraciones es la nata, aunque existe la excepción de la crema de almendras o praliné.

La formulación para estas cremas va a ser diferente en función de la receta que se vaya a preparar. La proporción de nata-chocolate que se utiliza en la realización de una trufa cocida es diferente a la proporción de nata-chocolate que se utiliza al elaborar una *mousse* de chocolate.

A modo orientativo, se pueden tener en cuenta las siguientes proporciones.

 Receta

Formulación para *mousse* de chocolate para relleno

Ingredientes

- 500 ml nata
- 140g azúcar
- 100 g clara de huevo
- 10 g gelatina
- 150 g chocolate negro
- 100 g agua

Formulación de trufa cocida para *petit four* o bombones

Ingredientes

- 400 ml nata
- 150 g azúcar
- 90 g mantequilla
- 350 g cobertura de chocolate negro
- 10 ml licor

Continúa en página siguiente >>

<< Viene de página anterior

Elaboración

En el proceso de elaboración de este tipo de cremas, una de las fases más importantes va a ser el batido que se le va a aplicar a la nata y que está en función de la crema a realizar.

El proceso de batido de la nata ha de ser cuidadoso, ya que el exceso del mismo puede cortar la nata separando sus componentes. Así mismo hay que tener en cuenta que, al mezclar con el resto de ingredientes, esta se asegura batiendo, con el correspondiente riesgo de cortarse.

En el caso de que lleve huevos en su composición, como en la mousse, han de ser pasteurizados.

En el caso de llevar algún ingrediente que haya sido sometido al calor, se tendrá la precaución de hacer la mezcla con la nata a temperatura moderada para que no pierda la consistencia y se baje.

Los pasos más importantes en la elaboración de este tipo de cremas son los siguientes:

1. Poner la nata en la batidora hasta que monte y mezclarla con el resto de ingredientes hasta que la mezcla quede homogénea.
2. En el caso de las *mousses,* si llevan huevo en su composición, darle un tratamiento térmico de 68 ºC como mínimo y después mezclar con la nata y el resto de ingredientes.
3. En el caso de las cremas con frutos secos (avellana, almendras etcétera), pasar estos por la refinadora y después hacer la mezcla con la nata.

 Nota

Las elaboraciones presentadas necesitan en ocasiones la cocción del azúcar, teniendo en cuenta los siguientes puntos:

▐ Almíbar: entre 85 y 90 ºC.
▐ Espejuelo: entre 100 y 105 ºC.

Continúa en página siguiente >>

<< Viene de página anterior

- Hebra floja: entre 105 y 108 °C.
- Hebra fuerte: entre 110 y 114 °C.
- Bola floja: entre 114 y 118 °C.
- Bola fuerte: entre 122 y 126 °C.
- Caramelo blando: 140 °C.
- Caramelo fuerte: entre 146 y 150 °C.
- Caramelo rubio: 160 °C.

4. Determinación del punto de montaje, batido, consistencia y características propias de cada crema

La consistencia de estas elaboraciones dependerá de los componentes de sus ingredientes, pero, en general, son densas o semilíquidas durante el manipulado para cubrir o bañar las distintas elaboraciones. Una vez que se enfrían, su consistencia es sólida, con una gama de texturas características de cada elaboración:

- **Textura o consistencia esponjosa,** como en el caso de las cremas batidas o ligeras.

La incorporación de aire permite la obtención de este tipo de texturas.

■ **Textura o consistencia untuosa,** como en el caso de las cremas de huevo.

La crema de huevo por excelencia es la crema pastelera, aunque no la única, ya que además de poderse contemplar una gran variedad y calidades respecto a sus ingredientes, la finalidad de uso también será determinante, poniendo como ejemplo la crema pastelera para hornear.

5. Análisis de las anomalías y defectos más frecuentes. Posibles correcciones. Conservación y normas de higiene

Las anomalías y defectos más frecuentes en la elaboración de cremas o rellenos dulces en pastelería dependerán de los diferentes integrantes de la elaboración, así como de la conservación posterior.

5.1. Cremas con huevo

Debido a la incorporación del huevo como parte fundamental de sus ingredientes, habrá que tener cuidado con el tratamiento térmico que se les aplique.

A fuego directo o al baño maría, estas elaboraciones tienen el riesgo de cortarse, quedando grumosas y disociadas, siendo inservibles para su utilización. En las elaboraciones en las que se necesite conseguir mezclas con almíbares, para su ejecución siempre se respetará la temperatura indicada, pues un exceso de calor puede influir en una cristalización excesiva o empalizamiento de la mezcla.

En cuanto a su conservación, es obligatorio que se haga en cámara refrigerada y es recomendable la utilización de ovoproductos para disminuir riesgos.

Además, en todo momento se deberán manipular los ingredientes con la máxima cautela, evitando la contaminación cruzada.

El tiempo de conservación de este tipo de cremas es muy limitado, ya que el huevo es un producto muy perecedero, por lo que, a la hora de determinar el tiempo de conservación de una crema u otro tipo de preparado, siempre se tendrá en cuenta el ingrediente más perecedero que intervenga en su composición.

Ejemplo

En una crema inglesa el tiempo de conservación lo determinará el huevo, que es el ingrediente más perecedero, y no el azúcar, que no es un ingrediente que se estropee en poco tiempo.

Importante

▌ Temperatura de coagulación de la clara (62 - 65 ºC).
▌ Temperatura de coagulación de la yema (65 - 70 ºC).

Es importante en este punto destacar los requisitos específicos indicados por normativa para los alimentos elaborados con huevo, siendo:

▌ El uso de huevo crudo para elaborar alimentos requiere de un tratamiento térmico que asegure una temperatura igual o superior a 70 ºC durante, al menos, dos segundos en el centro del producto o bien 63 ºC durante, al menos, 20 segundos, sirviéndose de consumo inmediato.

▌ De no cumplir con los tiempos y temperaturas de cocinado previamente indicadas, será necesario sustituir el huevo por ovoproductos.

▋ La conservación de estos productos será igual o inferior a 8 °C, debiendo ser consumidos en un máximo de veinticuatro horas desde su elaboración.

Además todos los productos de pastelería, incluidas las cremas, se conservarán en recipientes de material inalterable para evitar intoxicaciones alimenticias y estarán aislados de otras elaboraciones o cerrados en recipientes herméticos o envasados al vacío para evitar que adquieran olores no deseados.

5.2. Cremas batidas y ligeras

Las cremas batidas y ligeras son elaboraciones dulces cremosas y aireadas que se presentan en estado sólido o semisólido. La consecuencia de este estado es el tratamiento a temperaturas frías al que es sometida la mezcla de ingredientes que las componen.

Estos ingredientes, después de ser sometidos a diversos tratamientos, guardan unas características específicas de esponjamiento y suavidad que redundan en el acabado final del producto.

Las grasas o emulgentes (claras) son los ingredientes básicos y tienen una implicación muy directa en el resultado final del producto, incidiendo sobre el cuerpo y la textura, que dependen del punto de batido (más o menos consistente) y de la cantidad de gelatina que lleve la receta.

Es necesario tener en cuenta la gelatina, o colas de pescado, en el caso de que sea necesaria su utilización, por dos razones importantes:

- Los moldes donde se van ha depositar han de ser de material inalterable, ya que la gelatina reacciona con el hierro, que puede manchar el preparado y trasmitirle mal sabor.
- No es conveniente congelar la elaboración, porque la gelatina pierde sus propiedades, lo que afecta directamente a la textura del preparado.

Nota

La temperatura idónea de conservación de estos preparados es entre los 2 y 4 °C en cámara de refrigeración.

Definición

Ovoproducto
Según la legislación vigente, los ovoproductos son los productos obtenidos a partir del huevo, de sus diferentes componentes o sus mezclas, una vez quitadas la cáscara y las membranas, y que están destinados al consumo humano. Podrán estar parcialmente completados por otros productos alimenticios o aditivos y hallarse en estado líquido, concentrado, desecado, cristalizado, congelado, ultracongelado o coagulado.

6. Identificación de los productos finales adecuados para cada tipo de crema

Cada tipo de crema nos dará como resultado unas características específicas, que serán intrínsecas de la crema utilizada.

Ejemplo

Las cremas ligeras, aunque se pueden aplicar a cualquier elaboración, están reservadas para masas secas, como hojaldres, masas escaldadas, etcétera.

6.1. Aplicaciones de las cremas con huevo en pastelería

La aplicación práctica de este tipo de cremas es la siguiente:

- **Rellenos** (crema pastelera, mantequilla, yemas):

  - Tartas.
  - Pasteles.
  - Bollería.

Profiteroles rellenos de crema

- **Salsas:** acompañamiento como guarnición de postres que van emplatados (por ejemplo, *mousse* de chocolate con fondo de crema inglesa).

La adición de salsas en el servicio de postres emplatados aportará suavidad al conjunto haciéndolo más digerible.

■ **Cubierta:** recubriendo la superficie de tartas o pasteles (crema de mantequilla). Pueden ir quemadas o no (yema fina o yema pastelera).

Tarta decorada con crema de mantequilla

■ **Base de otras elaboraciones más complejas:** helados, semifríos (crema inglesa), *biscuit glacé,* etcétera.

La elaboración de helado de vainilla tiene como base la confección de una crema inglesa.

- **Postres:** natillas, crema catalana, flanes, pudin, tocino de cielo, etcétera.

Las elaboraciones con base de huevo deben presentar una textura fina.

- **Minerdices** o ***petits fours:*** se sirven en meriendas o después de la comida, durante el café (yema fina).

Minerdices

Recuerde

La característica principal de las cremas con base de huevo es que necesitan de la acción del calor. Todas tendrán un tratamiento térmico que alcance al menos los 70 °C en el centro del producto.

6.2. Aplicaciones de las cremas batidas y ligeras en pastelería

La aplicación práctica de este tipo de cremas es la siguiente:

- **Rellenos** (muselina, *chantilly*, moka):

    - Tartas.
    - Pasteles.
    - Bollería.

Tarta rellena de moka

- **Decoraciones de otras preparaciones** (trufa fresca).

Tarta rellena y cubierta por trufa fresca

■ **Cubierta:** recubriendo la superficie de tartas o pasteles (trufa cocida).

Una característica de calidad de este tipo de producto es el brillo que presenta.

■ **Base de otras elaboraciones más complejas:** helados, semifríos *(chantilly),* mantecados (pralinés), etcétera.

Semifrío de mango y fruta de la pasión servido en vaso.

■ **Postres:** *mousses, biscuit glacé,* etcétera.

Mousse de chocolate

- **Minerdices o *petits fours*** (trufa cocida).

Servicio de minerdices

- **Relleno de bombones** (pralinés).

Relleno praliné de almendra

 **Nota**

La característica principal de las cremas batidas reside en el montado de la nata, que requiere un alto contenido en grasa de hasta el 55 %.

Durante el batido, quedan atrapadas burbujas de aire en una red de gotas de grasa. Sin embargo, si se sigue batiendo, las gotas de grasa se unirán, destruyendo la capacidad de retener el aire y separando la mantequilla y el suero. El azúcar que se agrega, además de dar dulzor, refuerza la mezcla y consolida la consistencia.

Aplicación práctica

Realice dos de las elaboraciones de las estudiadas partiendo de la lista de ingredientes que se detalla a continuación:

Agua, romero, azúcar, claras de huevo, mantequilla, vainilla, chocolate, glucosa, aceite de girasol

SOLUCIÓN

Crema muselina

Ingredientes

- Agua 2,5 dl
- Azúcar 750 g
- Claras de huevo 250 g
- Mantequilla 1250 g
- Vainilla c/s

Elaboración

1. Confeccionar un almíbar con el azúcar y el agua hasta que alcance punto de hebra fuerte. Preparar un recipiente aparte con agua, espumadera y pincel para cuidar el almíbar.
2. Montar las claras a punto de nieve bien duro, agregando la vainilla, e ir adicionando el almíbar en hilo para escaldar el merengue y obtener de esta forma un merengue italiano.
3. Dejar la batidora en marcha hasta que este merengue enfríe ligeramente.
4. Agregar la mantequilla en porciones pequeñas y esperar hasta que la crema obtenida homogeneice y espese.
5. Retirar de la máquina batidora y reservar en un recipiente de material inalterable, conservando en cámara para su posterior utilización.

Trufa fresca

Ingredientes

- Nata 500 g
- Coberturas de chocolate 150 g
- Azúcar 50 g

Continúa en página siguiente >>

<< Viene de página anterior

Elaboración

1. Fundir el chocolate en trozos pequeños en el atemperador de chocolate o al baño maría. Reservar.
2. Poner la nata líquida en la batidora y montar. Añadir el azúcar.
3. Añadir el chocolate y mezclar bien.

---

7. Resumen

Se han visto los principales tipos de cremas, agrupados en los tres grandes conjuntos de cremas con huevo, cremas batidas y cremas ligeras.

Se ha realizado la identificación, formulación y secuencia de operaciones propias de cada elaboración, con las recetas respectivas de crema pastelera, crema pastelera para hornear, crema de yema, crema de mantequilla y trufas, *fondant, chantilly,* moka, etcétera.

Asimismo, se ha determinado el punto de montaje, batido, consistencia y características propias de cada crema, clasificándolas por su textura esponjosa o untuosa.

También se ha llevado a cabo un análisis de las anomalías y defectos más frecuentes en su elaboración, apuntando las posibles correcciones, los requisitos para su conservación y las normas de higiene fundamentales, con especial atención a la normativa vigente.

Por último, se han identificado los productos finales y las posibles aplicaciones adecuadas a cada tipo de crema.

Ejercicios de repaso y autoevaluación

1. Defina las características de las cremas que en su composición llevan huevo.

2. ¿Cuál es la definición de ovoproducto?

3. Enumere los ingredientes que intervienen en la elaboración de cremas con huevo.

4. Realice una tabla en la que establezca la proporción en % de los ingredientes que intervienen en una crema pastelera.

5. ¿Qué es un perol semiesférico?

6. ¿Cuál es la temperatura máxima de conservación de los productos que llevan huevo en su composición?

7. Defina crema batida.

8. Indique una de las fases más importantes del desarrollo de una crema batida.

9. ¿Qué temperatura deberá alcanzar una elaboración con base de huevo para evitar riesgos de contaminación?

10. Realice el desarrollo de una trufa cocida.

Capítulo 3

Elaboración de rellenos salados

Contenido

1. Introducción
2. Tipos: cremas base para rellenos salados, crema bechamel y otras
3. Identificación de los ingredientes propios de cada elaboración. Formulación y secuencia de operaciones
4. Determinación del punto de montaje, batido, consistencia y características propias de cada elaboración. Conservación y normas de higiene
5. Análisis de las anomalías y defectos más frecuentes. Posibles correcciones
6. Identificación de los productos adecuados para cada tipo de crema
7. Resumen

1. Introducción

La pastelería salada se ha ido incrementando de manera progresiva debido a la creciente demanda de los consumidores, que necesitan de un tentempié en un momento determinado del día (aperitivo, merienda o reuniones sociales) y se inclinan por especialidades tales como canapés, snacks, hojaldres, bebidas, etcétera, que sacian el hambre pero no suponen la comida principal.

En este capítulo de rellenos de pastelería salada se mostrarán los diferentes rellenos básicos que más utilidad tienen en la elaboración de este tipo de productos de pastelería, describiéndolos y desarrollando su elaboración y conservación.

Estos rellenos van a ser, por tanto, el cimiento de posteriores elaboraciones de pastelería salada.

2. Tipos: cremas base para rellenos salados, crema bechamel y otras

Algunas de las cremas, salsas y rellenos básicos apropiados para rellenar o formar parte de elaboraciones saladas de pastelería son:

2.1. Salsa bechamel

La **salsa bechamel** es una salsa básica que se elabora con tratamiento térmico y que tiene aplicaciones gastronómicas diversas.

 Nota

Entre las muchas aplicaciones que tiene en la cocina, cabe destacar la intervención de la salsa bechamel en las elaboraciones de pastelería salada.

Cuando se habla de salsa básica, se quiere decir que es una salsa importante desde el punto de vista culinario, puesto que de ella van a derivar otras que necesariamente llevarán salsa bechamel en su composición, siendo las más destacadas:

- **Aurora:** bechamel con concentrado de tomate. También se considera derivada de la salsa de tomate.
- **Crema:** bechamel con una reducción de nata. Para platos de huevos y pasta.
- **Mornay:** bechamel con yemas de huevos crudas y queso rallado (gruyère y parmesano). Se usa para gratinados de hortalizas, huevos, etcétera.
- **Nantua:** bechamel con mantequilla de cangrejos, champiñón, colas de cangrejos y trufa. Se utiliza para acompañar pescados.
- **Soubise:** bechamel con cebolla estofada en vino y nata. Para hortalizas, pescados y carnes blancas.

Los ingredientes básicos de la salsa bechamel son la harina, la mantequilla, la leche y aromatizantes como la nuez moscada, sal y pimienta.

2.2. Salsa de tomate

La **salsa de tomate** es una salsa básica de la cocina que tiene aplicaciones gastronómicas diversas.

Nota

Entre las muchas aplicaciones que tiene en la cocina, cabe destacar su intervención en las elaboraciones de pastelería salada, como en pizzas o farsas de relleno.

Entre las salsas derivadas de la salsa de tomate, se pueden citar, a modo de ejemplo, las siguientes:

- **Napolitana:** tomate rehogado con diferentes verduras para pastas y farsas.
- **Boloñesa:** tomate con verduras, carne picada y vino; ideal para pastas o rellenos de empanadas.
- **Rosa:** salsa fría elaborada con puré de tomate y mahonesa principalmente. También se puede hacer en caliente con bechamel.

Salsa de tomate

2.3. Salsa mayonesa

La **salsa mayonesa** es una salsa básica fría con aplicaciones gastronómicas diversas.

 **Nota**

Entre las muchas aplicaciones que tiene en la cocina, cabe destacar su intervención en las elaboraciones de pastelería salada en sándwiches, canapés, etcétera.

Algunas salsas derivadas de la salsa mayonesa son:

- **Tártara:** mayonesa con encurtidos picados muy finos.
- **Rosa:** mayonesa con adición de ketchup, zumo de naranja, brandy y salsa Worcestershire.
- **Remolade:** tártara con adicción de anchoas.

Salsa mayonesa con base de huevo

2.4. Salsa vinagreta

La **salsa vinagreta** es una salsa básica fría, con aplicaciones gastronómicas diversas.

Dependiendo del plato al que acompañe va adicionada de unos ingredientes u otros.

Nota

Entre las muchas aplicaciones que tiene en la cocina, cabe destacar su intervención en las elaboraciones de pastelería salada, como acompañamiento de elaboraciones de rellenos fríos, tartaletas, canapés, o para aderezar rellenos fríos en general.

Una salsa derivada de la salsa vinagreta es la *ravigote,* que consiste en una vinagreta adicionada con alcaparras, pepinillos, huevo duro, perifollo, cebolleta fresca, etcétera.

Salsa vinagreta tradicional y salsa vinagreta a la mostaza

2.5. Crema de mantequilla

La **salsa de mantequilla** es una salsa básica de la cocina que tiene aplicaciones gastronómicas diversas.

La crema de mantequilla es una de las elaboraciones más características en el servicio de canapés adicionados de ahumados y encurtidos.

Nota

Entre las muchas aplicaciones que tiene en la cocina, cabe destacar su intervención en las elaboraciones de pastelería salada, en que suele utilizarse untando en la base de aperitivos, canapés, pan alemán, etcétera.

2.6. Crema de queso

Esta es una crema muy específica, de gran utilidad en cocina, que en pastelería salada va untada en canapés, sándwiches o como relleno de algunas elaboraciones.

Canapé con base de pan alemán, adicionado con crema de queso y aguacate.

3. Identificación de los ingredientes propios de cada elaboración. Formulación y secuencia de operaciones

Para obtener elaboraciones culinarias de calidad, no solo basta con una correcta formulación o elección de ingredientes, sino que también será fundamental la aplicación de una secuenciación en su adición. Este hecho se ve reflejado de forma evidente en la elaboración de las mayonesas o bechamel, evitando la formación de grumos o la disociación de elementos.

3.1. Salsa bechamel

La salsa bechamel es una salsa básica de la cocina que tiene aplicaciones gastronómicas diversas, entre ellas las de ligar o servir como complemento de otras elaboraciones que irán de relleno de preparados más complejos.

 Receta

Salsa bechamel

Ingredientes

- Mantequilla 100 g
- Harina 100 g
- Leche 1l
- Sal c/s
- Pimienta blanca c/s
- Nuez moscada c/s

Elaboración

1. Elaborar un roux blanco con la mantequilla y la harina de la siguiente forma: fundir la mantequilla al fuego y añadir la harina hasta que pierda la condición de harina cruda, tornándose la mezcla de una tonalidad amarillenta.
2. A continuación, añadir la leche poco a poco, sin parar de remover diluyendo el roux a la vez que se espesa la leche.
3. En último lugar, poner el sazonado, rectificando hasta que esté a punto.

 Nota

Se hacen tres tipos de roux en la cocina:

- *Roux* blanco, utilizado para la salsa bechamel.

Continúa en página siguiente >>

\<\< Viene de página anterior

▌ *Roux* rubio, utilizado en la salsa *veloute.* La diferencia de este tipo de roux con el anterior es el tiempo de cocción que se da a la harina con la mantequilla y que en este caso es más prolongado. Además, en vez de utilizar leche para mojarlo se utiliza algún caldo tipo *fumet* de pecado o caldo blanco de ave, ternera, etcétera.

▌ *Roux* oscuro. La diferencia con los dos anteriores es que la harina debe estar tostada en el horno antes de cocerla con la mantequilla. Se moja con fondos oscuros de ternera, caza, etcétera. Es ideal para la salsa española.

3.2. Salsa de tomate

La salsa de tomate es una salsa básica de la cocina que tiene aplicaciones gastronómicas diversas, tanto en frío como en caliente, entre ellas las de ligar o servir como complemento de otras elaboraciones que irán de relleno de preparados más complejos.

 Receta

Salsa de tomate

Ingredientes y formulación

- Tomate 5 kg
- Zanahoria 250 g
- Apio 250 g
- Puerro 250 g
- Cebolla 250 g
- Tomillo c/s
- Laurel c/s
- Sal c/s
- Azúcar c/s
- Aceite de oliva c/s

Continúa en página siguiente \>\>

<< Viene de página anterior

Elaboración

1. Cortar en mirepoix las verduras y rehogar todo con el aceite. Dejar cocer y sazonar al punto. Pasar por batidora y chino.
2. El azúcar se pone para contrarrestar la acidez del tomate, dependiendo la cantidad del grado de acidez.

 Nota

Existen dos variantes más de la salsa de tomate:

▌ Tomate *concasse:* tomate natural rehogado, sin piel ni semillas, con ajo en *brunise* y aceite de oliva.
▌ Salsa de tomate natural: tomate natural escaldado, cortado en dados y rehogado en aceite de oliva, sin piel ni semillas.

3.3. Salsa mayonesa

La salsa mayonesa es una salsa básica fría emulsionada con aplicaciones gastronómicas diversas, entre ellas las de servir como complemento de otras elaboraciones que irán de relleno y como base untada o mezclada con otros ingredientes.

 Nota

Las yemas pasteurizadas evitan la temida salmonela. La legislación española prohíbe utilizar la mayonesa casera o el huevo en elaboraciones frías que no tengan un tratamiento térmico.

Receta

Salsa mayonesa

Ingredientes y formulación

- Huevo pasteurizado 4 yemas
- Aceite de girasol 1 l
- Sal c/s
- Vinagre o limón c/s

Elaboración

1. Poner las yemas pasteurizadas en un recipiente con el vinagre y la sal. Se puede poner un poco de agua.
2. Batir enérgicamente con ayuda del batidor e ir incorporando el aceite poco a poco con cuidado que no se disocie la mezcla. El agua actúa como catalizador de la unión del huevo y el aceite.
3. También se puede montar con la batidora.

Sabía que...

Se sabe por diversos autores que con anterioridad al año 1756 no se conocía esta salsa, ni es mencionada en ningún libro de cocina europeo. En este año se produce la invasión francesa de la isla de Menorca. La receta más parecida proviene de un libro de cocina español que data del siglo XIV titulado *Llibre de Sent Soví*, de autor desconocido y que la describe en lengua catalana, llamándola *all-y-oli*. Esta salsa balear tradicional se utilizaba también en el resto de la Corona de Aragón.

Cuando el 18 de abril de 1756 el mariscal Richelieu y sus allegados atacan el fuerte de San Felipe de Mahón e invaden la isla, tienen la ocasión de probar la salsa *all-y-oli* con gran sorpresa. Copiaron la receta de su elaboración y la llevaron a Francia, donde se dio a conocer. Por cuestión de gusto le quitaron el ajo y al resultado lo denominaron *mahonnaise* (de Mahón). El cocinero de Louis François Armand du Plessis, duque de Richelieu, dice que la creó para celebrar la victoria del duque sobre los británicos en el puerto de Mahón y que en honor de dicho pueblo se le puso el nombre.

3.4. Salsa vinagreta

La salsa vinagreta es una salsa básica fría emulsionada que tiene aplicaciones gastronómicas diversas, entre ellas las de aderezar otras elaboraciones que irán de relleno y/o mezclada con otros ingredientes.

 Receta

Salsa vinagreta

Ingredientes y formulación

ι Aceite 3/4
ι Vinagre 1/4
ι Sal c/s
ι Pimienta c/s

Elaboración

1. Es una mezcla en emulsión de los ingredientes anteriores, batiendo enérgicamente hasta que los ingredientes espesan. No suele mantenerse mucho tiempo esta densidad, por lo que es recomendable usar de inmediato.

3.5. Crema de mantequilla

La crema de mantequilla es un preparado básico para untar elaboraciones como canapés, sándwiches, pan alemán etcétera, disponiéndose sobre esta crema otros ingredientes como embutidos, quesos, carnes, pescados ahumados o marinados.

 **Receta**

Crema de mantequilla

Ingredientes y formulación

- Mantequilla 250 g
- Crema de leche c/s

Elaboración

1. Partiendo del uso de mantequilla en pomada, semilíquida, añadir la nata o crema de leche bien fría muy poco a poco, en forma de hilo, batiendo con el batidor.
2. La mantequilla, al contacto con la nata fría, se va solidificando hasta adquirir una densidad considerable, pero que permita manipularla para untar. Cuando se enfríe totalmente la mezcla se volverá sólida.

3.6. Crema de queso

La crema de queso es un preparado básico para untar elaboraciones como canapés, sándwiches, pan alemán etcétera. Sobre esta crema se disponen otros ingredientes como embutidos, quesos, carnes, pescados ahumados o marinados, o el queso simplemente adicionado con alguna hierba aromática para darle un toque más personal.

Receta

Crema de queso

Ingredientes y formulación

- 250 g queso fresco de untar
- 25 g nata al 35 % materia grasa
- c/s Sal y pimienta

Elaboración

1. En un bol incluir el queso crema, trabajándolo con varilla hasta obtener una textura en pomada.
2. Añadir la nata y continuar trabajando con varilla con el fin de incorporar la nata, obteniendo así una textura más liviana y untable aportando ligereza al conjunto.
3. Salpimentar.

 Sabía que...

El queso crema es un tipo de queso untable que se obtiene al cuajar mediante fermentos lácticos una mezcla de leche y nata. Este tipo de queso se consume normalmente acompañado de pan, siendo común el uso del mismo en tostadas, además es idóneo para tartaletas, crepes dulces y saladas, quiches y prácticamente en todos las elaboraciones de pastelería salada.

Se trata de una crema blanca, distribuida en terrinas similares a las de margarina o mantequilla que suelen estar en las grandes superficies, pero también esta comercializada en formatos mayores a nivel industrial.

Se consume en desayunos, postres, aperitivos, meriendas, etcétera.

4. Determinación del punto de montaje, batido, consistencia y características propias de cada elaboración. Conservación y normas de higiene

Según los ingredientes utilizados o a integrar en las elaboraciones habrá que adoptar una u otra técnica, existiendo así unas características propias para cada elaboración. Además, se deberán respetar en todo momento las normas de higiene y las técnicas de conservación.

4.1. Salsa bechamel

La salsa bechamel es una salsa básica con una consistencia semisólida, que puede variar en función de la elaboración para la que se aplicará.

Ejemplo

En una bechamel para gratinar la consistencia ha de ser casi sólida para que no resbale del producto que va a napar, mientras que si va ligando alguna farsa ha de ser liviana para que el conjunto no resulte con consistencia demasiado dura.

Como salsa con base láctea que es, suele ser muy perecedera. Su conservación se hace de la siguiente manera:

- Si se va a utilizar inmediatamente después de elaborarla, no deberá bajar de los 70 ºC y hasta el momento de su consumo es conveniente que esté tapada herméticamente para que no se forme costra en la superficie.
- Si no se va a utilizar en ese momento, se debe enfriar en abatidor y conservar en refrigeración a 4 ºC.
- Cuando va formando parte de otras elaboraciones, tolera bien la congelación.

4.2. Salsa de tomate

La salsa de tomate es una salsa básica con una consistencia semisólida y firme, parecida a la de la bechamel. Se trata de una elaboración que debe ser espesa y lo suficientemente liviana o fluida para que se deje manipular con facilidad.

- Cuando el tomate es en conserva no necesita de refrigeración. La salsa de tomate debe ser almacenada en un local cubierto, limpio, seco y protegido del calor excesivo y de agentes agresivos o químicos.
- Durante el transporte no necesita de refrigeración, aunque deben ser tomados los cuidados esenciales para transporte de productos alimenticios. Nunca se debe transportar junto a productos tóxicos o agentes químicos de cualquier naturaleza.
- El producto se debe manejar en el lugar limpio, exento de contaminaciones y de la suciedad, por manipuladores debidamente formados, de acuerdo con las buenas prácticas de fabricación del sector alimenticio.
- Después de la apertura de la conserva, se debe almacenar bajo refrigeración con temperaturas inferiores a 6 °C, por un máximo de 3 días.
- Cuando va formando parte de otras elaboraciones, tolera bien la congelación.
- El tomate natural se conserva en refrigeración, ya que el frío ralentiza el proceso de madurez y degradación.

4.3. Salsa mayonesa

El tiempo de conservación de este tipo de salsa es muy limitado, ya que el huevo es un producto muy perecedero.

- En la elaboración de alimentos se sustituirá el huevo por ovoproductos pasteurizados y elaborados por empresas autorizadas para esta actividad, excepto cuando estos alimentos sigan un posterior tratamiento térmico no inferior a 70 °C en el centro de los mismos.
- La temperatura máxima de conservación para cualquier alimento de consumo inmediato donde figure el huevo u ovoproducto como ingrediente será de 6 °C hasta el momento del consumo. Estos alimentos

se conservarán en un plazo máximo de veinticuatro horas a partir de su elaboración.

■ Además, todos los productos de pastelería, incluidas las cremas, se conservarán en recipientes de material inalterable para evitar intoxicaciones alimenticias y estarán aislados de otras elaboraciones o cerrados en recipientes herméticos o envasados al vacío para evitar que adquieran olores no deseados.

■ La consistencia de la mayonesa será siempre bastante dura y firme. En cualquier caso, se puede aligerar con agua, proporcionándole el grado de densidad deseado, si fuese preciso hacerla más liviana.

 Recuerde

A la hora de determinar el tiempo de conservación de una crema u otro tipo de preparado, siempre se tendrá en cuenta el ingrediente más perecedero que intervenga en su composición.

Los ovoproductos son los productos obtenidos a partir del huevo, de sus diferentes componentes o sus mezclas, una vez quitadas la cáscara y las membranas, destinados al consumo humano.

4.4. Salsa vinagreta

Debido a la naturaleza de los ingredientes básicos de esta elaboración, su conservación no es un problema, aunque se deberán considerar los elementos aromáticos adicionados, ya que podrán fermentar el conjunto.

■ La vinagreta es un tipo de salsa que se conserva bien en refrigeración aunque puede mantenerse a temperatura ambiente, ya que el aceite y el vinagre no necesitan del frío.

■ Estos dos ingredientes deben permanecer cerrados herméticamente, sin que les dé la luz solar y libres de humedades, porque lo que sí suele ocurrirle al aceite es que se oxida.

■ La consistencia de esta salsa es densa y espesa cuando se emulsiona, pero rápidamente pierde esta solidez para ponerse más liquida.

4.5. Crema de mantequilla

Esta crema tiene la particularidad de que, en función de la temperatura, va a tener una consistencia u otra.

Al fundir la mantequilla al fuego se vuelve líquida y al añadir la nata fría se va volviendo más densa, hasta que adquiere consistencia de pomada y está lista para untar.

■ Se conserva en el frío en refrigeración y por un tiempo reducido, ya que la nata es un producto muy perecedero.
■ Si después de conservarla y ponerse rígida o sólida por completo, se necesitara utilizar se regenera aplicándole calor y volviendo a realizar el proceso.

Sabía que...

Se entiende como regeneración el proceso por el que pasan los alimentos desde su estado de conservación hasta ser manipulados o puestos a temperatura de consumo.

▌ Recalentar los alimentos a temperaturas de consumo.
▌ Rehacer o reponer las características iniciales de productos y elaboraciones culinarias que necesitan tratamiento térmico o no.

4.6. Crema de queso

Esta crema tiene las mismas características de conservación que la crema de mantequilla, porque el queso es muy perecedero y, a temperatura ambiente, es atacado por hongos y mohos rápidamente.

- La consistencia es de pomada para untar.
- Si fuese necesario se trabaja con el batidor o la espátula para que pierda la rigidez que le confiere el frío.

4.7. Farsas o rellenos

Las farsas y rellenos, habitualmente, llevan salsas o cremas de las anteriormente citadas, por lo que su conservación es igual a la de las salsas o cremas que forman parte de ellos.

La consistencia de los mismos también la determina la salsa o crema que lleven, o incluso las características que tenga el picadillo que los componen.

5. Análisis de las anomalías y defectos más frecuentes. Posibles correcciones

Aun partiendo de una correcta formulación e ingredientes de calidades óptimas, durante el proceso de elaboración se pueden producir incidencias que deriven en anomalías en el producto final. No obstante, dichas anomalías son comunes atendiendo a la familia de ingredientes utilizados, pudiendo tener asociada una posible corrección. A continuación se citan las más relevantes relacionadas con los ya citados rellenos salados.

5.1. Salsa Bechamel

Los ingredientes básicos de la salsa bechamel, al igual que de sus derivadas, son harina, materia grasa y leche, pudiendo ser incluso este último ingrediente sustituido por caldos o fondos resultando elaboraciones como la *velouté*.

Estos ingredientes asociados a los procesos de elaboración implican la posible aparición de grumos, sabores a crudo, coloración excesiva o incluso texturas no deseadas, no siendo una incorrecta formulación el problema. De esta manera, se tienen como anomalías y defectos y su corrección las siguientes:

- **Sabor a crudo.** Se debe a una inadecuada cocción del roux, por lo que previa a la adición del elemento líquido se deberá llevar a cabo una cocción más prolongada, no llegando a transmitir color. Si el líquido ya está incorporado, se llevará a cabo una cocción más lenta, consiguiendo así alargar el proceso de cocción eliminando dicho sabor y no provocando una evaporación excesiva.

- **Grumos.** Se debe a la incorporación del líquido muy rápido o a una temperatura excesiva. Por tanto, se aconseja añadir el elemento líquido poco a poco sobre el *roux,* moviendo con varilla o batidor. No obstante, ante la aparición de grumos, se podrá turbinar el conjunto, finalizando nuevamente al fuego o colar la mezcla retirando dichos grupos, pasando a formular nuevamente la receta.

- **Coloración.** Pese a la posibilidad de usar diferentes tonalidades de roux provocando una coloración determinada en el producto final, la bechamel se caracteriza por su color blanco. Por tanto, el roux utilizado no deberá tomar coloración. En el caso de tomarla no se dispondrá de una solución.

- **Textura.** Una cocción prolongada producirá una evaporación excesiva, lo que se traduce en una masa compacta, grumosa y con excesiva coloración. Por el contrario, la falta de cocción, dará como resultado una salsa líquida e insípida.

Bechamel realizada de forma irregular, presenta grumos en su composición

5.2. Salsa de tomate

Teniendo como ingrediente fundamental el tomate, son muchos los condimentos de aromatización, destacando hortalizas como la zanahoria o el puerro y apio hasta elementos de condimentación como el laurel, tomillo, etc., sin olvidar el aceite de oliva y el azúcar, que contrarrestará su posible acidez.

La calidad de la materia prima en este caso, así como su formulación, serán fundamentales, debiendo considerar la temporalidad de los productos utilizados.

Como principales defectos o anomalías propios de la ejecución de este producto, se encuentra la falta de cocción, resultando una salsa líquida e insípida o por el contrario una cocción excesiva, resultando pastosa. En ambos casos, se deberá contrarrestar mediante la adición de una mayor cantidad de fruto o bien la aplicación progresiva de calor, hasta obtener una textura idónea.

También es común el exceso de grasa en el producto. De ser así, se deberá retirar, siendo preferible una vez la elaboración haya reposado y enfriado, retirándose fácilmente con ayuda de un cazo.

Salsa de tomate con exceso de grasa en su elaboración

5.3. Salsa mayonesa

La salsa mayonesa se elabora por la emulsión de dos elementos no miscibles adicionados con un ingrediente catalizador, siendo normalmente un ácido. Así, aun partiendo de una correcta formulación, una adición incorrecta provocará la disociación de dichos ingredientes, indicándose de forma común que la elaboración se ha cortado, reflejándose tanto en una solución líquida, de color blanquecino, que tras varios minutos sin mover se disociará o bien una masa grumosa, producida por un exceso de grasa.

Otro de los problemas asociados a la no emulsión de los productos, es la temperatura de partida de ellos. Así, a temperaturas bajas, la emulsión será mucho más estable.

Ante los problemas indicados, hay que decir, que la obtención de salsas muy compactas podrá aligerarse mediante la adición del elemento utilizado como base que no sea el elemento graso o incluso agua. Por el contrario, en el caso de obtener una salsa "cortada", muy líquida, se podrá utilizar parte de la masa, añadiéndola a la base de una nueva elaboración, remontando la emulsión poco a poco.

Mayonesa irregular, con textura muy líquida

5.4. Salsa vinagreta

La salsa vinagreta representa una emulsión muy inestable, por lo que su elaboración tiene que ser llevada a cabo en el momento de uso. De lo contrario, la salsa resultante (emulsionada) se disociará.

Al igual que en la mayonesa, se pueden utilizar elementos catalizadores, como puede ser la mostaza o purés de frutas y/o verduras, persiguiendo dar estabilidad.

En la actualidad existen sustancias que ayudarán a estabilizar la emulsión, siendo la Goma Xantana uno de los elementos más utilizados.

Su uso permite dar estabilidad a la emulsión, siendo una de las soluciones más acertadas en pro de dar una solución a la disociación de la elaboración.

La Goma Xantana es un aditivo natural, teniendo entre sus propiedades la de espesar o estabilizar salsas, bebidas, lácteos y derivados, etc.

5.5. Crema de mantequilla

La elaboración de la crema de mantequilla se trata de una emulsión que integra dos elementos grasos, en diferentes proporciones, atendiendo a las necesidades de uso, pudiéndose además emulsionar en mayor o menor medida.

La temperatura de los ingredientes será fundamental a la hora de afrontar esta elaboración, partiendo en todo momento de una mantequilla en pomada. De lo contrario el uso de mantequilla muy dura (temperatura de refrigeración) dará como resultado una mezcla grumosa. Asimismo, un calor excesivo en la mantequilla producirá la disolución del suero, obteniéndose una mezcla sin brillo y una textura arenosa.

En torno a una posible corrección de estas irregularidades, indicar que la naturaleza del producto hace que no sea posible una rectificación, aunque siempre se podrá mejorar el resultado final aplicando una temperatura homogénea que permita hacerla maleable intentando disolver los posibles grumos o añadir una mayor proporción de mantequilla en el segundo caso (masa terrosa).

Textura terrosa en la elaboración, propiciada por el uso de mantequilla a una temperatura excesiva

5.6. Crema de queso

Al igual que ocurre con la crema de mantequilla, la temperatura de los ingredientes implicados en la elaboración serán fundamentales. Así, una temperatura excesiva en los ingredientes utilizados no propicia la emulsión, pudiendo incluso llegar a formar grumos por el batido aplicado, no teniendo en este caso una posible corrección, pudiendo solo ser aprovechada tras su calentamiento añadida como base de salsas, etc.

Textura de una crema de queso sometida a un batido excesivo, formándose grumos y la separación del suero de los productos integrados en ella

En el caso de partir de ingredientes con temperaturas muy bajas, la textura del queso, impedirá una correcta integración con la nata, produciendo un batido excesivo, lo que podrá llegar a cortar el producto, produciéndose una separación del suero, obteniéndose así una masa compacta y dura. Al igual que en el caso anterior, llegados a este punto, no habrá una posible utilización, aunque sí se podrá aprovechar el producto como ingrediente de salsas o cremas.

Importante

Además de las elaboraciones descritas como rellenos salados, es relevante destacar la utilización de farsas con base de hortalizas, carnes, pescados, etc., presentando una gran proporción de nutrientes y grasas; muy propicios a la fermentación, por lo que será fundamental asegura el enfriamiento del producto tras su elaboración, estableciéndose como metodología correcta el abatimiento de su temperatura.

6. Identificación de los productos adecuados para cada tipo de crema

Cada tipo de crema dará como resultado unas características específicas. Por ello, según la salsa aplicada, se obtendrán unos u otros productos.

6.1. Aplicaciones de la salsa bechamel en pastelería salada

La salsa bechamel tiene aplicaciones gastronómicas diversas en:

- Croquetas y cromesquis: son elaboraciones hechas a base de una bechamel espesa. Suelen ser de jamón, de pollo, de bacalao, etcétera.
- Ligazón de farsas y rellenos que intervengan en cualquier elaboración de cualquier naturaleza.
- Gratinados de todo tipo.
- La pasta *orly* es una elaboración que se utiliza para rebozar o cubrir géneros que posteriormente van fritos a la gran fritura. En el caso de la bechamel, los productos se han pasado antes por esta salsa para cubrirlos posteriormente por *orly* y freír.

La elaboración de las croquetas puede tener como base la elaboración de una bechamel, en la que sus proporciones de harina serán mayores obteniendo así una masa más compacta.

 Sabía que...

La historia de la bechamel, la primera receta conocida, aunque era bastante diferente de la actual bechamel, apareció descrita por primera vez en el libro de cocina *Le Cuisinier Français,* (publicado en 1651 por un cocinero de Luis XIV). La invención de esta salsa se atribuye al cocinero francés del duque Louis de Béchameil, aunque se considera que procede de una receta más antigua, llevada a Francia por los cocineros de Catalina de Médici. La receta ha ido cambiando a lo largo de los últimos cien años. En las recetas de hace varios siglos, desde el XVIII, se mencionaba su uso como salsa de base para elaborar una salsa mornay.

6.2. Aplicaciones de la salsa de tomate en pastelería salada

Algunas de las aplicaciones que tiene son:

- La pizza, que es una masa de pan horneada cuya base es elaborada con harina de trigo, agua y levadura y cubierta de queso, salsa de tomate, orégano y otros ingredientes como relleno.
- La empanada, que es una elaboración preparada con una fina masa de pan como base, rellena de cualquier picadillo en el que se incluya el tomate.
- La empanada de hojaldre, que es una elaboración preparada con una fina capa de hojaldre como base, rellena de cualquier picadillo que lleve tomate.
- Los volovanes (del francés *vol-au-vent),* que son elaboraciones de hojaldre de diferentes tamaños y en forma redonda. El interior se rellena de muchos tipos de ingredientes, tanto dulces como salados.

- El cruasán, que es una masa de bollería hojaldrada en frío, puede llevar tomate en rodajas.

Para la empanada gallega se usa esta modalidad de relleno salado.

 **Recuerde**

Es fundamental que el relleno no sea demasiado líquido, ya que humedecería la base, quedando cruda.

6.3. Aplicaciones de la salsa mayonesa en pastelería salada

Algunas de las aplicaciones que tiene son:

- Las tartaletas, que son elaboraciones hechas con pasta brisa salada y cualquier relleno dulce o salado.
- Las crêpes, que son obleas de masa muy fina cocida en sartenes especiales y rellenas.
- Los canapés, que son elaboraciones de pequeño tamaño y generalmente decorados que se cogen con los dedos y a menudo se comen de un solo bocado.

La utilización de la bechamel permite el servicio de productos calientes, pudiendo ser gratinados.

 **Ejemplo**

Tartaletas rellenas de pescado, de carne, de setas, de verduras, etcétera.

6.4. Aplicaciones de la salsa vinagreta en pastelería salada

Algunas de las aplicaciones que tiene son:

- Los canapés.
- Los volovanes.

Mini tartaletas de salpicón con vinagreta

6.5. Aplicaciones de la crema de mantequilla en pastelería salada

Algunas de las aplicaciones que tiene son:

- Los canapés.
- El cruasán.

El servicio de pescados ahumados y huevas de pescado utilizan como base la crema de mantequilla aportándole el sabor graso que requieren.

6.6. Aplicaciones de la crema de queso en pastelería salada

Algunas de las aplicaciones que tiene son:

- Los canapés.
- El cruasán.
- Los volovanes.

El sabor neutro de la crema de queso hace que pueda ser utilizada tanto con productos dulces como salados.

6.7. Aplicaciones de la salsa de mostaza en pastelería salada

Algunas de las aplicaciones que tiene es en:

- Los canapés.
- El cruasán.
- Los volovanes.

La salsa de mostaza es común en aperitivos que incluyen huevo, encurtidos, embutidos y chacinas, etc.

6.8. Aplicaciones de las farsas o rellenos en pastelería salada

Algunas de las aplicaciones que tiene son:

- Las *bouchées* o saladitos, que son elaboraciones de base de hojaldre que suelen envolver algún relleno de crema o ingredientes sólidos.
- Las quiches, que son elaboraciones de pasta brisa salada, preparadas sobre moldes y con rellenos apropiados.
- Las tartaletas.
- Las crêpes.
- La pasta *orly,* que es una elaboración que se utiliza para rebozar o cubrir géneros que posteriormente van fritos a la gran fritura.
- La empanada, tanto de pan como de hojaldre.

Quiche Lorraine

 ## Aplicación práctica

En el supuesto de tener que asesorar a una empresa donde se van a vender y a consumir elaboraciones de pastelería salada, desde el punto de vista de la normativa higiénico sanitaria, ¿qué maquinaria cree que puede ser, como mínimo, la necesaria para ejercer esta práctica?

SOLUCIÓN

Armarios frigoríficos con control de temperatura para los productos que necesitan estar conservados en frío, asegurando la temperatura a 6 °C o por debajo.

Armarios o carros calientes de cocina con termostatos para los productos que necesitan estar como mínimo a 70 °C hasta el momento de su consumo.

7. Resumen

La pastelería salada se ha ido incrementando por la creciente demanda de los consumidores, que en determinados momentos necesitan de un tentempié que sacie el hambre sin suponer la comida principal.

En este capítulo, se han estudiado con detenimiento las cremas, las salsas y los rellenos básicos apropiados para formar parte de elaboraciones saladas de pastelería.

Así, se han visto las cremas base y algunas de las salsas derivadas de estas: bechamel, de tomate, mayonesa, vinagreta, de mantequilla y de queso. Junto a la identificación de los ingredientes propios de cada elaboración y a la formulación y secuencia de operaciones.

De igual modo, se ha determinado el punto de montaje, batido, consistencia y características propias de cada elaboración, así como las reglas para su conservación y las normas de higiene pertinentes. Se ha realizado un análisis de las anomalías y defectos más frecuentes y se han ofrecido sus posibles correcciones.

Por último, se han identificado los productos adecuados para cada tipo de crema y los tipos de elaboraciones en los que intervienen los rellenos y salsas en la pastelería salada: empanadas, hojaldre, canapés, tartaletas, *bouchées* o saladitos, crêpes, quiches, cruasanes, volovanes, pizzas, etcétera.

Ejercicios de repaso y autoevaluación

1. **Los ingredientes de la salsa bechamel son:**

   a. Leche y queso Matalauva.
   b. Mantequilla, huevo y perejil.
   c. Leche, mantequilla y harina.
   d. Tomate, cebolla y aceite.

2. **La salsa aurora es una salsa derivada, realizada a parir de salsa...**

   a. ... bechamel.
   b. ... tomate.
   c. ... bechamel y tomate.
   d. ... mahonesa.

3. **¿Qué es un roux blanco?**

   a. Es un fondo de ave.
   b. Es una mezcla de harina y mantequilla para hacer salsas.
   c. Es una mezcla de puré de tomate para pizzas.
   d. Es un preparado para hacer la pasta *choux*.

4. **Complete la siguiente oración.**

   La salsa de tomate tiene otras dos elaboraciones que se emplean igual que esta. Son la salsa de tomate natural y el tomate _____.

5. **De las salsas estudiadas, ¿a cuál le puede afectar la salmonela?**

   a. A la bechamel cuando esta fría.
   b. A la de tomate cuando va de base en las pizzas.
   c. A la vinagreta, porque alguna de sus salsas derivadas lleva huevo cocido.
   d. A las que llevan huevo crudo, como la salsa mahonesa.

6. La temperatura máxima de conservación para cualquier alimento de consumo inmediato en que figure el huevo u ovoproducto como ingrediente será de...

   a. ... 6 ºC hasta el momento del consumo.
   b. ... 25 ºC hasta ser consumido.
   c. ... A temperaturas negativas siempre.
   d. ... No es importante la conservación de estos alimentos.

7. En función de la temperatura, la crema de mantequilla va a tener una consistencia
determinada. ¿Cómo será esta consistencia?

   a. Líquida si tiene mucha temperatura y sólida si está demasiado fría.
   b. No la afecta la temperatura a esta salsa.
   c. Siempre tiene una consistencia líquida.
   d. Siempre tiene una consistencia sólida.

8. ¿Qué es regenerar un producto?

   a. Someterlo a congelación 24 horas.
   b. Cocinarlo por encima de los 70 ºC.
   c. Marinarlo para que tome el sabor de las hierbas aromáticas.
   d. Rehacer o reponer las características iniciales del producto.

9. La pasta *orly* es una elaboración que se utiliza para...

   a. ... rebozar o cubrir géneros que posteriormente van fritos a la gran fritura.
   b. ... cubrir la superficie de los hojaldres.
   c. ... envolver rellenos que posteriormente van cocinados en el horno.
   d. ... elaborar las crêpes.

10. El uso de goma xantana en la elaboración de salsas vinagretas se fundamenta en...

   a. ... mantener la emulsión.
   b. ... reducir la acidez del producto.
   c. ... aumentar el sabor de la elaboración.
   d. ... disminuir el uso de sal.

Capítulo 4
Elaboración de cubiertas en pastelería

Contenido

1. Introducción
2. Tipos: glaseados, con pastas de almendra, crema de chocolate, brillos de frutas y otras
3. Identificación de los ingredientes propios de cada elaboración.Formulación y secuencia de elaboraciones
4. Determinación del punto de montaje, batido, consistencia y características propias de cada elaboración
5. Análisis de las anomalías y defectos más frecuentes. Posibles correcciones. Conservación y normas de higiene
6. Identificación de los productos adecuados para cada tipo de crema
7. Resumen

1. Introducción

El mundo de la pastelería ha estado caracterizado por su popular presentación, convirtiéndose esta en una de las partes más importantes e influyentes a la hora de su comercialización.

De ahí la importancia de este capítulo, en el que se reflejarán los diferentes tipos de cubiertas, desarrollando su elaboración y las diferentes técnicas para su realización y su aplicación, sin olvidar un estudio pormenorizado de los métodos y normativas más adecuados para su correcta conservación.

Finalmente, se estudiarán y analizarán las anomalías más frecuentes en estas elaboraciones para evitar posibles errores, asignando cada tipo de cubierta a la elaboración más idónea.

2. Tipos: glaseados, con pastas de almendra, crema de chocolate, brillos de frutas y otras

Todas las elaboraciones que se relacionan a continuación se utilizan como cubiertas y rellenos en diferentes preparaciones de pastelería, tales como tartas, pasteles, pastas, galletas, semifríos, bollería y prácticamente todas las creaciones que van cubiertas.

- **Glasa al agua:** se utiliza para cubrir pastas o bollería, como rosquillas.
- **Glasa real:** tiene la misma aplicación que la anterior, aunque se utiliza para cubrir pastas. Además de cubrir piezas, se utiliza para decorar con *cornet* y pegar piezas de pastillaje.
- **Merengue italiano:** se emplea, entre otras cosas, para cubrir elaboraciones de tartas, pasteles y postres.
- **Merengue suizo:** este merengue se utiliza en la cubierta de la tortilla alaska, en *soufflés,* en la elaboración de bizcochos, etcétera.
- **Panada:** es una elaboración con aplicaciones idénticas a la glasa al agua. La diferencia está en la elaboración de la fórmula.
- *Fondant:* como cubierta de pasteles, pastas, galletas y tartas. Se emplea además como relleno de bombones y turrones.

- **Praliné:** se utiliza como relleno y como cubierta, rebajándolo con nata montada, chocolate, etcétera.
- **Cubierta para bombones:** empleada para bañar bombones en general.
- **Baño de chocolate:** empleado para bañar bombas heladas, tartas y pasteles.
- **Baño de cobertura negra:** se utiliza en cubiertas de pasteles y tartas.
- **Baño de cobertura con leche:** se utiliza en cubiertas de pasteles y tartas. Se emplea igual al baño de cobertura negra.
- **Baño de cobertura blanca:** se utiliza principalmente en el baño de tartas, brazos de gitano y piezas en general.
- **Gelatina de manzana:** se usa para abrillantar tartas, pasteles, postres, y como base de otras gelatinas.
- **Brillo para frutas:** se utiliza para terminados de tartas y pasteles de fruta.
- **Baño inglés:** se utiliza para abrillantar tartas, pasteles y rosquillas. A estas últimas elaboraciones se les da un golpe de horno fuerte, por un breve periodo de tiempo, para que sequen rápido.
- **Crema de mantequilla al huevo:** se emplea en cubiertas de tartas y pasteles.
- **Barniz misterio:** se utiliza en mazapanes recién salidos del horno. Se utiliza este tipo de azúcar para que no se reseque demasiado la superficie del mazapán.

3. Identificación de los ingredientes propios de cada elaboración. Formulación y secuencia de elaboraciones

La realización de las cubiertas, baños y acabados de las diferentes elaboraciones de pastelería y repostería requieren de la convicción y la fe necesaria por parte del profesional que ejecuta las creaciones y dependen de que este elija el camino de la calidad. Para alcanzar esta calidad son necesarias tres capacidades fundamentales:

- El conocimiento cabal de la meta a conseguir.
- El impulso necesario para llevar a cabo su trabajo.
- La habilidad para interrelacionarse con los demás.

3.1. Ingredientes, fórmulas y secuencia o procesos de operaciones

Presentadas las cubiertas más comunes utilizadas en el ámbito de la pastelería, a continuación se pasará a su descripción, diferenciando entre las diferentes familias, en base a los ingredientes básicos empleados en su elaboración, diferenciando entre glaseados, cubiertas con pasta de almendras, crema de chocolate, brillo de frutas y baños de huevo.

Glaseados

Los glaseados tienen como ingredientes principales el azúcar y el agua, existiendo además la posibilidad de añadir clara de huevo consiguiendo así la emulsión. Se diferencian como principales productos de esta familia la glasa al agua y real, los merengues italiano y suizo, la panada y el *fondant,* entre otros, todos ellos descritos a continuación.

 Receta

Glasa al agua

Ingredientes y formulación

- Agua 20 %
- Azúcar glasé 80 %
- Zumo de limón o cremor tártaro c/s

Bollería glaseada al agua

Elaboración

1. En un recipiente, poner el agua e ir añadiendo el azúcar poco a poco, hasta conseguir un líquido denso.
2. Pasar las piezas por el baño y darles un golpe de horno fuerte durante 1/2 minuto para que sequen con rapidez. El aspecto es el de una película fina y blanquecina de azúcar.

Nota

Glasa al agua se conoce también con el nombre de glasa muerta y se utiliza para cubrir pastas o bollería.

 Receta

Glasa real

Ingredientes y formulación

ı Claras de huevo 100 g
ı Azúcar glasé 500 g
ı Zumo de limón c/s

Proceso amasado glasa real

Elaboración

1. En un recipiente poner a batir las claras, junto con unas gotas de limón.
2. En la batidora añadir el azúcar glasé, introduciéndola poco a poco, sin dejar de batir hasta que se adquiera la textura firme característica de esta elaboración.
3. Quedando lista para su uso, puede ser usada para decorar con ayuda de un cornet.

 Nota

La glasa real tiene la misma aplicación que la glasa al agua, aunque se utiliza para cubrir pastas. Además de cubrir piezas, se utiliza para decorar con cornet y para pegar piezas de pastillaje.

Receta

Merengue italiano

<u>Ingredientes y formulación</u>

- Clara de huevo 125 g
- Azúcar 75 g
- Jarabe 300 g
- Zumo de limón c/s

Merengue italiano

<u>Elaboración</u>

1. Montar las claras a marcha rápida en la batidora, con el zumo de limón para evitar que se ricen.
2. Cuando estén casi montadas, añadir el azúcar y, a continuación, el jarabe, que ha de estar hirviendo para que pasteuricen las claras y el merengue tome consistencia dura.

Importante

En la elaboración de los merengues es primordial que las claras estén limpias de restos de yema y que los utensilios que se utilicen en el montado estén limpios y secos para evitar el rizado de las claras.

Nota

El merengue italiano se emplea, entre otras cosas, para cubrir elaboraciones de tartas, pasteles y postres.

Receta

Merengue suizo

<u>Ingredientes</u>

- Clara de huevo 125 g
- Azúcar 185 g
- Zumo de limón c/s

El uso de colorantes alimentarios permite la coloración de los merengues

<u>Elaboración</u>

1. En un bol mezclar ambos ingredientes junto con unas gotas de zumo de limón.
2. Poner al baño maría, disolviendo el producto, no sobrepasando los 60 ºC.
3. Retirar y batir con ayuda de una batidora, comenzando con una velocidad media, subiéndola hasta obtener la consistencia firme propia de esta elaboración, observando al mismo tiempo que la mezcla se ha enfriado.

 ## Nota

La fórmula del merengue suizo puede llegar a doblar la cantidad de azúcar sobre las claras atendiendo a las necesidades de uso. Así, para su uso en crudo en decoraciones se puede usar 125 g de claras y 250 g de azúcar y para hornear, es común el uso de la misma cantidad de azúcar y claras.

Receta

Panada

Es una elaboración con aplicaciones idénticas a la glasa al agua. La diferencia está en la elaboración de la fórmula, que se puede preparar de dos maneras:

Ingredientes 1ª fórmula

- l Jarabe a 32 ºBé 500 g
- l Azúcar glasé 500 g

Elaboración

- l Mezclar el azúcar glasé con el jarabe en frío con la ayuda de una varilla.

Ingredientes 2ª fórmula

- l Jarabe a 32 ºBé 500 g

Bizcocho napado con panada

Elaboración

- l Una vez frío el jarabe, mover reiteradamente con una espátula hasta que se empanice y se blanquee.

 Sabía que...

La escala Baumé es una escala usada en la medida de las concentraciones de ciertas soluciones (jarabes, ácidos). Fue creada por el químico y farmacéutico francés Antoine Baumé en 1768. Cada elemento de la división de la escalera Baumé se denomina grado Baumé y se simboliza por ºB o ºBé.

Su ventaja es que permite evaluar la concentración de cualquier solución con una misma unidad (grados Baumé) y un mismo aparato (el aerómetro Baumé).

En la actualidad, se utiliza en la producción de cerveza, vino, miel y ácidos concentrados.

Receta

Fondant

<u>Ingredientes</u>

- ⏐ Azúcar 500 g
- ⏐ Glucosa 50 g
- ⏐ Agua 1,5 dl
- ⏐ Zumo de limón c/s

Tarta cubierta con fondant

<u>Elaboración</u>

1. Poner a hervir el agua y el azúcar y cuando empiece la ebullición añadir el zumo de limón y la glucosa.
2. Llevar el jarabe a punto de globo flojo, es decir, a 113 °C.
   Nota: Al mojar una espumadera en este jarabe y soplar por sus agujeros, deben salir burbujas pequeñas de azúcar parecidas a las que salen con el jabón.
3. En este punto, extender el jarabe sobre una mesa de mármol untada con aceite y empezar a trabajar con una espátula, recogiendo y estirando sucesivamente hasta que se torne en una masa o pasta blanca. Recoger y conservar en recipiente de material inalterable, conservado herméticamente, para que no forme costra.
4. Cuando se necesite, hay que calentarlo al baño maría, ya que con el calor se ablanda como cualquier caramelo.
5. Si al calentar, el *fondant* se notase duro, se puede añadir un poco de agua o jarabe.

Nota

El *fondant* sirve de cubierta a pasteles, pastas, galletas y tartas y se emplea además como relleno de bombones y turrones.

Cubiertas con pasta de almendras

Algunas de las cubiertas o rellenos con frutos secos son los que se detallan a continuación.

 Receta

Pralíné

Ingredientes

⎯ Azúcar 50 %
⎯ Almendra 50 %

Elaboración

Crema de pralíné

1. Tostar la almendra y pasar por la refinadora en una primera pasada.
2. Mezclar con el azúcar y volver a pasar por la refinadora cerrando los rodillos que trituran la almendra para que se vaya refinando cada vez más la mezcla.

AZ **Definición**

Pralíné
Es una elaboración de almendras y azúcar, aunque es extensible a otros frutos secos. Se utiliza como relleno y como cubierta rebajándolo con nata montada, chocolate, etcétera.

Receta

Franchipán

<u>Ingredientes</u>

- Harina de almendra 300 g
- Azúcar lustre 150 g
- Huevo 6 p
- Mantequilla 300 g
- Harina floja 50 g
- Esencia de limón c/s

La tarta de manzana puede incluir como relleno esta elaboración.

<u>Elaboración</u>

1. Mezclar en el perol de la batidora la mantequilla y el azúcar e ir incorporando los huevos poco a poco para que no se corten.
2. Por último, añadir la esencia de limón, la harina de almendra y la harina floja.
3. Una vez realizada la mezcla, disponer con manga y boquilla lisa sobre la base de la pasta brisa y cocer a 180 ºC durante 20 minutos.
   Ejemplo: Una de las terminaciones del franchipán es, una vez fría la tarta, cubrirla con mermelada y terminar con frutos secos, dándole un brillo de gelatina de manzana.

 Nota

El franchipan, más que como cubierta, se emplea como relleno de tartas y tartaletas con base de pasta brisa.

Crema de chocolate

Existen varias fórmulas para los baños con cremas de chocolate. Todas las elaboraciones que vayan con baño o napadas se realizarán sobre una rejilla y sobre una bandeja apropiada para recoger lo que escurra del baño.

 **Receta**

Cubierta para bombones

<u>Ingredientes</u>

- Cobertura de chocolate negro 250 g
- Mantequilla 125 g
- Licor 50 ml

<u>Elaboración</u>

1. Fundir la cobertura al baño maría y añadir la mantequilla en pomada, sin parar de batir.
2. Por último, añadir el licor elegido. Cuando adquiera una consistencia semilíquida, está lista para el baño.

 Receta

Baño de chocolate

Empleado para bañar bombas heladas, tartas y pasteles.

<u>Ingredientes</u>

- Cobertura de chocolate negra 500 g
- Gelatina 6 g
- Azúcar 75 g
- Agua 1,5 dl

<u>Elaboración</u>

1. Confeccionar un jarabe a 33º Bé y, cuando pierda temperatura, añadir la gelatina hidratada hasta que se disuelva.
2. Poner la cobertura disuelta. El punto de fluidez del baño dependerá de la temperatura de la mezcla.

 **Definición**

Escala de Baumé (Bé)

Es una escala usada en la medida de las concentraciones de ciertas soluciones, en este caso la densidad del jarabe, constituido por agua y azúcar. 25 g de azúcar en 1 l de agua equivalen a 1º Bé. Así, por ejemplo, para conseguir 30º Bé, se necesita 750 g de azúcar.

 Nota

El baño de chocolate es empleado para bañar bombas heladas, tartas y pasteles.

 Receta

Baño de cobertura negra

Ingredientes

- Cobertura de chocolate negro 500 g
- Leche 2,5 dl

Elaboración

1. Fundir la cobertura y añadir la leche.
2. Mezclar.
   Consejo: Es importante que cuando se da el baño la mezcla no esté muy caliente, porque entonces no napará y se escurrirá en el preparado.

 **Receta**

Baño de cobertura con leche

Ingredientes

  ı Cobertura de chocolate con leche 600 g
  ı Leche 2,25 dl
  ı Licor c/s

Elaboración

1. Fundir la cobertura y añadir la leche.
2. Mezclar.
   Consejo: Es importante que cuando se da el baño la mezcla no esté muy caliente, porque entonces no napará y se escurrirá en el preparado.

 Receta

Baño de cobertura blanca

Se utiliza principalmente en el baño de tartas, brazos de gitano y piezas en general.

Ingredientes

  ı Cobertura de chocolate blanco 600 g
  ı Leche 2,25 dl

Elaboración

1. Proceder igual a las dos anteriores en la realización del baño.
   Nota: A las elaboraciones que se vayan a cubrir con cobertura blanca hay que darles una capa fina de yema o trufa, con el fin de tapar los poros, y un semi-congelado para que el baño nape con rapidez, ya que este baño es muy líquido debido a la gran cantidad de manteca de cacao que tiene.

Nota

El baño de cobertura blanca se utiliza principalmente en el baño de tartas, brazos de gitano y piezas en general.

Brillos de fruta

Receta

Gelatina de manzana

Se usa para abrillantar tartas, pasteles, postres, y como base de otras gelatinas.

Ingredientes

- Agua 1,5 l
- Azúcar 600 g
- Zumo de limón 1 ud
- Manzana 1 kg

Elaboración

1. Trocear las manzanas con la piel y el semillero y poner a cocer con el resto de ingredientes hasta que el agua evapore 1/3 de su volumen.
2. Pasar por el chino. Una vez fría, debe quedar una consistencia capaz de napar. Si no fuese así se podrá reforzar con alguna cola de pescado, volviendo a calentarla en esta situación.

Sabía que...

La gelatina, presente naturalmente en la manzana, se encuentra principalmente en la piel y el semillero.

 Receta

Brillo para frutas

Este brillo se utiliza para terminados de tartas y pasteles de fruta.

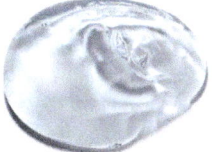

Ingredientes

- Agua 5 dl
- Almidón 25 g
- Azúcar 250 g
- Esencia de limón c/s

Elaboración

1. Con una parte del agua, disolver el almidón y reservarlo.
2. Poner a hervir el resto de agua con el azúcar y, cuando rompa el hervor, ligar con el almidón y añadir la esencia.
   Nota: la esencia puede ser de cualquier gusto, no solo de limón.

Baños de huevo

 Receta

Baño inglés

Ingredientes

- Azúcar glasé o glucosa 50 g
- Yema de huevo 250 g

Elaboración

1. Mezclar y pintar con brocha.
2. A las elaboraciones cubiertas con baño inglés se les da un golpe de horno fuerte por un breve periodo de tiempo.

 Receta

Crema de mantequilla al huevo

Ingredientes

- Yema de huevo 150 g
- Jarabe 500 g
- Mantequilla 500 g
- Vainilla c/s

Elaboración

1. Montar las yemas en la batidora y añadir poco a poco el jarabe caliente para pasteurizar la yema.
2. Cuando baje la temperatura, poner la mantequilla en pomada y el aroma.

 **Receta**

Barniz misterio

Ingredientes

- | Yema de huevo 50 %
- | Azúcar invertido o glucosa 50 %

Elaboraciones como el mazapán incluyen este baño previo a su horneado obteniendo un brillo extra.

Elaboración

1. Calentar la mezcla a unos 55 °C y pintar con pincel o brocha.
   Ejemplo: Se pueden bañar con barniz misterio unos mazapanes recién salidos del horno. Se utiliza el azúcar invertido para que no se reseque demasiado la superficie del mazapán.

3.2. Conservación

La conservación de las materias primas que intervienen en la preparación de las cubiertas se puede clasificar atendiendo al tipo de producto utilizado, que puede ser:

- Perecedero.
- No perecedero.

En primer lugar, hay que contar con proveedores que sirvan materia prima de calidad contrastada que llegue al establecimiento en condiciones óptimas, teniendo la precaución de, una vez recibida la materia prima, no echar a perder los esfuerzos anteriores.

Las materias primas perecederas (huevos, mantequilla, leche fresca) se conservaran inmediatamente en refrigeración o congelación, según se precise, sin romper la cadena de frío hasta su posterior utilización en las elaboraciones.

Las materias primas no perecederas se conservan en almacenes frescos, aireados y en ausencia de luz natural, ya que esta puede deteriorar o alterar las características de algunos productos.

Recuerde

Es esencial tener control sobre la caducidad de los géneros.

La conservación de los productos elaborados se realiza en:

■ Refrigeración, alrededor de 4 °C sin alterar la cadena de frío hasta el momento de ser consumidos.
■ Algunos, como el praliné, se conservan envasados al vacío.

Todas las elaboraciones se cierran herméticamente para evitar contaminaciones cruzadas o que cojan los olores de la cámara o de otros preparados.

4. Determinación del punto de montaje, batido, consistencia y características propias de cada elaboración

La consistencia de estas elaboraciones es densa o semilíquida durante el manipulado para cubrir o bañar las distintas elaboraciones. Una vez que se enfrían, su consistencia es sólida, con una gama de texturas características de cada elaboración:

■ **Texturas esponjosas,** como los merengues.
■ **Texturas untuosas,** como las cubiertas de mantequilla y yemas.
■ **Texturas crujientes,** como las cubiertas de bombones o galletas.

5. Análisis de las anomalías y defectos más frecuentes. Posibles correcciones. Conservación y normas de higiene

Las anomalías y defectos más frecuentes en cubiertas de pastelería dependerán de los diferentes elementos integrantes de la elaboración, así como de la conservación posterior.

Glaseados y *fondant*

Debido a la incorporación del azúcar como ingrediente fundamental, habrá que tener cuidado con el tratamiento térmico que se le aplique.

Importante

Aunque es cierto que en muchas ocasiones el azúcar no se utiliza, como en el caso de la glasa real, en las elaboraciones en las que se necesite conseguir almíbares para su ejecución siempre se respetará la temperatura indicada, pues un exceso de cocción puede influir en una cristalización excesiva o empalizamiento de la mezcla.

En cuanto a su conservación, es recomendable aislarla de la humedad, pues el azúcar se puede licuar. Además, en todo momento se deberán manipular los ingredientes con la máxima cautela, evitando la contaminación cruzada.

Cubiertas con pasta de almendras

Los frutos secos, al entrar en contacto con el oxígeno, pierden su textura característica y su sabor, volviéndose rancios y manidos. Teniendo en cuenta que las almendras son frutos secos y que forman parte fundamental de estas preparaciones, se deberá tener en cuenta en todo momento este principio. Así, para su conservación deberán estar bien protegidos de este factor.

En cuanto a los riesgos durante su aplicación, son mínimos, pues los frutos secos son ingredientes resistentes a los cambios y muy manejables durante su transformación. Eso sí, se debe partir de productos bien desinfectados, pues son muy pocas las ocasiones en las que a estos frutos se les aplica calor.

Crema de chocolate

El atemperado del chocolate es una fase muy importante para la elaboración de productos como los bombones.

 **Importante**

Una mala conservación del chocolate o un mal proceso de atemperado pueden dar como resultado un deterioro de su aspecto, por lo que pierde calidad la fase visual del producto.

La cobertura es apreciada por su dureza y brillo. El chocolate de cobertura contiene varios componentes: azúcar, cacao y manteca de cacao, estando formado esta última por diferentes cristales de grasa. Todos estos cristales tienen distinto punto de fusión y cristalización. Entonces, una vez fundido el chocolate, todos los componentes se disocian entre sí, dejando el chocolate con vetas y manchas como resultado de la exudación de estos cristales, bien por una mala conservación o por un mal atemperado. Para evitar esto hay hacer una subida y bajada de la temperatura de la cobertura, logrando así una correcta cristalización.

Técnica de templado

Es importante que, durante la fase de templado del chocolate, la temperatura ambiente esté en torno a 20-23 °C, con una humedad relativa inferior al 45 %. El utillaje y recipientes deben estar limpios y secos, ya que cualquier residuo o una mínima cantidad de agua pueden echar a perder todo el trabajo de templado.

Fundido de la cobertura

Para obtener una cristalización perfecta de la cobertura se colocan las pastillas de chocolate en el atemperador y se funden, manteniendo la temperatura hasta los 50 °C aprox., como mínimo durante 4 horas, removiendo con la espátula. Una cobertura fundida con demasiada rapidez a temperatura excesiva no alcanzará su punto de descristalización, lo cual producirá un espesamiento demasiado rápido y un brillo mate.

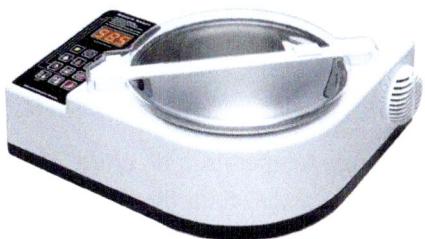

A la hora de fundir el chocolate, aunque se pueden utilizar varios métodos, lo más seguro y adecuado es hacerlo con la ayuda de un atemperador.

 Nota

Algunos maestros chocolateros recomiendan dejar fundir la cobertura hasta 24 horas.

Enfriado

Para enfriarlo se echan los 2/3 del chocolate fundido sobre una mesa de mármol, que debe estar a una temperatura baja, de entre 19 y 20 °C. El sobrante se mantendrá caliente al baño maría o atemperado. Una vez sobre el mármol, se trabaja el chocolate estirándolo y recogiéndolo sobre la mesa, controlando la temperatura.

Consejo

Nunca trate de enfriar la mesa de mármol. Si la mesa está demasiado fría tendrá problemas de cristalización y humedad que puede condensarse.

Alcanzada una temperatura de entre 28 y 29 °C, inmediatamente se interrumpe el enfriamiento, agregándolo al chocolate que se tiene caliente.

Mantenimiento de la temperatura

Se lleva a una temperatura de entre 31 y 33 °C. El chocolate está listo para su utilización. Esta temperatura debe ser mantenida hasta finalizar el trabajo.

De forma tradicional, el atemperado se ha llevado a cabo al baño maría, requiriendo un especial control de la temperatura.

Brillos de fruta

Las elaboraciones con fruta deben ser tratadas con delicadeza y técnica, pues las proporciones de agua en cada fruta son diferentes, al igual que sus cualidades.

 **Nota**

Los tiempos de cocción y las características específicas de cada fruta permitirán el desarrollo de una u otra elaboración. Así, el contenido en pectinas, la adición de azúcar y ácidos a la elaboración y la utilización en algunos casos de gelatinas industriales, darán lugar a una textura única, que posteriormente deberá ser conservada de forma adecuada para impedir la aparición de mohos, característicos de las elaboraciones con gran contenido en agua.

También cabe destacar entre los defectos más usuales de estas preparaciones la posible aparición de grumos con la adición de gelatinas.

Una excesiva cocción planteará una reducción de agua, dando como resultado elaboraciones con texturas duras que pueden provocar una cristalización excesiva, quedando agrietadas en su superficie.

Brillos con huevo

Es una de las elaboraciones más cuidadas por presentar en su elaboración el huevo, aunque hoy en día son muchas las preparaciones que se realizan con ovoproductos y nos permiten evitar riesgos de contaminación.

Así, estos brillos, una vez utilizados, deben ser bien conservados, sin romper la cadena de frío y siendo manipulados en todo momento con extrema cautela.

Los riesgos más frecuentes en su elaboración suelen ser asociados a la coagulación excesiva del huevo durante el proceso de cocción. Por ello, el control en esta fase del proceso deberá ser máximo, comprobando continuamente la temperatura con ayuda de un termómetro. También hay problemas por la cocción excesiva del azúcar en la realización de los jarabes.

6. Identificación de los productos adecuados para cada tipo de crema

Cada tipo de crema dará como resultado unas características específicas, que serán intrínsecas de la crema utilizada.

Ejemplo

La utilización de los glaseados, aunque se puede aplicar a cualquier elaboración, es reservada para masas secas como hojaldres, masas escaldadas, etcétera.

6.1. Aplicaciones de los glaseados en pastelería

Los glaseados se utilizan principalmente en postres realizados a partir de masas hojaldradas, escaldadas y de sartén, aunque no están vetados para el resto de creaciones.

Esta técnica se utiliza para aportar, además de brillo, un sabor más intenso o dulzor, pues los glaseados pueden ser aromatizados.

También hay que tener en cuenta en su uso la técnica del pastillaje, pues la glasa real se utiliza para pegar las piezas.

6.2. Aplicaciones del fondant en pastelería

No está reservado a unas preparaciones en concreto. Pueden ser utilizados tanto como para cubierta como para relleno, los cuales suelen ser adicionados de nata.

Otra aplicación muy importante es la configuración de pequeñas piezas talladas de decoración, que realzarán cualquier plato.

6.3. Aplicaciones de las pastas de frutos secos en pastelería

Las cubiertas con frutos secos están muy extendidas en el ámbito de la pastelería, pudiendo ser aplicadas a cualquier elaboración, aunque son más apropiadas para complementar los postres realizados a partir de masas azucaradas y batidas.

Estas pastas aportarán texturas a la elaboración final y potenciarán el sabor en el caso de ser utilizadas como pralinés.

6.4. Aplicaciones de la crema de chocolate en pastelería

Sin duda es la cobertura más extendida y utilizada en pastelería tanto por la aportación de sabor, como por la elegancia que transmite su brillo y su color.

Además, la crema de chocolate adicionada de nata es utilizada como relleno, aportando cremosidad a la elaboración.

Por otro lado, permite jugar con los colores, pues la crema puede ser de colores diferentes según el chocolate utilizado.

 Nota

Hay una excepción para su utilización. Se trata de las elaboraciones con fruta, pues, al tratarse de una cubierta opaca, no nos dejaría ver el colorido aportado por la fruta utilizada.

6.5. Aplicaciones de los brillos de fruta en pastelería

Por su composición son aplicados en las piezas de pastelería una vez que se han sometido a tratamiento térmico. Una vez frías, son bañadas con esta preparación, aportando brillo y sabor, pues normalmente son aromatizadas con la fruta utilizada.

6.6. Aplicaciones de los baños de huevo en pastelería

A diferencia de las anteriores, esta elaboración está reservada a preparaciones que no han sido sometidas a tratamiento de calor.

El propósito que perseguimos con su empleo es el de aportar brillo a la elaboración final.

Está destinada a elaboraciones ya fermentadas, realizadas en horno con calor seco (bollería danesa en general, masas panarias, etcétera).

 Aplicación práctica

En el supuesto de que fuese usted el responsable de recibir la mercancía en un establecimiento de pastelería, redacte un esquema con lo que crea más importante para mantener unos niveles de calidad óptimos, en cuanto a la materia prima recibida se refiere.

SOLUCIÓN

I.   Comprobar documentalmente en el pedido que la mercancía que llega se corresponde con la que se ha pedido.
II. Las materias primas llegan en condiciones de calidad contrastada con recepciones de mercancía anteriores.
III. Clasificación de materias primas perecederas y no perecederas.
IV. Las materias primas perecederas se conservaran inmediatamente en refrigeración o congelación, según el caso, sin romper la cadena de frío, hasta su posterior utilización en las elaboraciones.
V.   Las materias primas no perecederas se conservan en almacenes frescos, aireados y en ausencia de luz natural, ya que esta puede deteriorar o alterar las características de algunos productos. Es esencial tener control sobre la caducidad de los géneros.

7. Resumen

A lo largo de este capítulo, se ha estudiado todo lo relativo a la elaboración de cubiertas en pastelería.

Se han visto con detenimiento los diferentes tipos de cubiertas existentes: glasas, *fondant,* pralinés, baños de chocolate, brillos de fruta y baños de huevo.

Asimismo, se han identificado los ingredientes propios de cada elaboración, con sus respectivas formulaciones.

Se han determinado los puntos de montaje, batido y consistencia y las características propias de cada elaboración, con referencia a sus posibles texturas.

Además se han analizado las anomalías y defectos más frecuentes y se han ofrecido las correcciones pertinentes, haciendo especial hincapié en las normas de conservación e higiene.

Finalmente, se han identificado los productos adecuados para cada tipo de crema.

Ejercicios de repaso y autoevaluación

1. ¿Qué son las cubiertas de pastelería?

    a. Elaboraciones destinadas a realzar el aspecto de la preparación y armonizar con el sabor y la composición de la misma.
    b. Subproductos del cacao.
    c. Elaboraciones saladas.
    d. Elaboraciones cocidas.

2. ¿Con qué nombre se conoce también la glasa al agua?

    a. *Fondant.*
    b. Barniz.
    c. Glasa muerta.
    d. Glasa dulce.

3. ¿Qué lleva el barniz misterio en su composición?

    a. Claras de huevo y levadura.
    b. Harina de arroz y nata.
    c. Harina de trigo y leche.
    d. Huevo y azúcar.

4. ¿Qué es el praliné?

    a. Una elaboración de almendras y azúcar.
    b. Una elaboración con huevo crudo.
    c. Un derivado de la nata.
    d. Una elaboración de fruta fresca.

5. Los glaseados en pastelería...

    a. ... son utilizados para aportar brillo y dulzor, aunque también se utilizan como elemento de unión y decoración.
    b. ... se utilizan para realizar pequeñas piezas talladas para decorar. Una de las técnicas más características para su elaboración es el soplado.

c. ... son la mezcla de agua y cacao que aportará brillo a las elaboraciones.

d. ... son utilizados fundamentalmente como relleno.

6. El baño de cobertura blanca es un baño...

a. ... espeso por la harina.

b. ... líquido debido a la gran cantidad de manteca de cacao que tiene esta cobertura.

c. ... líquido por el agua que lleva.

d. ... no es un baño para cubrir.

7. El término empanizar hace referencia a...

a. ... la cristalización de una solución de azúcar y agua.

b. ... el acabado de las tartas.

c. ... el acabado de los bombones.

d. ... No es un témino de pastelería.

8. El chocolate no puede ser adicionado con licores porque...

a. ... la mezcla se empalizaría.

b. ... la mezcla aumentaría su punto de fusión y se quemaría.

c. ... estropearía su sabor característico.

d. ... el chocolate sí puede ser adicionado con licor.

9. El franchipán tiene entre sus ingredientes:

a. Harina de almendra y azúcar lustre.

b. Huevo y mantequilla.

c. Harina floja y esencia de limón.

d. Todas las respuestas son correctas.

10. Los baños de huevo en pastelería son aplicados...

a. ... antes de someter a la pieza a un tratamiento de calor.

b. ... una vez se ha cocinado la pieza, aportando brillo.

c. ... para dar sabor a las piezas impregnadas.

d. ... solo en piezas pequeñas de bocado y destinadas a pastelería salada.

Elaboraciones complementarias de pastelería y repostería para colectivos especiales

Contenido

1. Introducción
2. Colectivos especiales en alimentación
3. Identificación de las principales alergias e intolerancias alimentarias
4. Formulación y ficha técnica de elaboración de los productos destinados a estos colectivos especiales
5. Puntos clave y principales cambios tecnológicos y de materias primas utilizadas para obtener estos productos
6. Principales anomalías, causas y posibles correcciones
7. Resumen

1. Introducción

Tradicionalmente el sector de la pastelería y repostería ha estado prácticamente vetado para ciertos núcleos de población con necesidades alimenticias especiales como hasta ahora han sido los diabéticos, celíacos, intolerantes al huevo y la lactosa, etcétera.

Hoy en día, gracias a los avances tecnológicos y a la nueva formulación de recetas con ingredientes modificados, estas han podido ser adaptadas a este núcleo de consumidores, ofertando un sin fin de elaboraciones adaptadas a este colectivo.

Por otro lado, y gracias a los nuevos reglamentos sobre etiquetado, el modo de vida de estas personas ha mejorado, haciéndoles la vida más fácil y segura, ya que pueden conocer en todo momento los productos que están ingiriendo.

2. Colectivos especiales en alimentación

Fundamentalmente, los colectivos especiales reconocidos y más frecuentes son:

- Diabéticos.
- Celíacos.
- Intolerantes a la lactosa.
- Intolerantes al huevo.
- Intolerantes a frutas.
- Intolerantes a frutos secos.

2.1. Diabéticos

Son personas que padecen la enfermedad de la diabetes, siendo esta una enfermedad producida por la falta total o parcial de la hormona llamada insulina, lo que provoca la no absorción de glucosa, produciéndose una menor síntesis de depósitos energéticos en las células y la elevación de la glucosa en la sangre.

Atendiendo a la edad, se distinguen dos tipos de diabetes:

- **Diabetes tipo I o juvenil:** aparece en edades tempranas, aunque puede manifestarse hasta los 30 años. Se caracteriza por la no producción de insulina por parte del páncreas.
- **Diabetes tipo II o del adulto:** suele aparecer a partir de los 40 años y se produce por la resistencia del organismo a la producción de insulina.

 Recuerde

La diabetes produce la no absorción de la glucosa hallada en sangre.

2.2. Celíacos

Son individuos con dificultad para tolerar el gluten de los alimentos. Esta enfermedad es una de las dolencias gastrointestinales más frecuentes.

 Definición

Gluten
Es la proteína de reserva nutritiva que se encuentra en las semillas de las gramíneas junto con el almidón.

Esta enfermedad, producida por la ingestión de trigo, cebada o centeno, produce una reacción inflamatoria en la mucosa del intestino delgado.

Es crónica, por lo que el consumo deberá excluirse durante toda la vida. Por ello, habrá que excluir de la dieta el trigo y su almidón, la cebada y el centeno y establecer un consumo preferente de carnes, huevos, leche, etcétera, siendo muy importantes los cereales sin gluten, como el maíz o el arroz.

2.3. Intolerantes a la lactosa

Esta intolerancia está producida por la no producción por parte del intestino delgado de la enzima lactosa.

 Definición

Lactosa
Tipo de azúcar que se encuentra en la leche y otros productos lácteos.

Los síntomas se manifiestan antes de 2 horas después de la ingestión de productos lácteos y se alivian no comiendo ni bebiendo estos productos.

 Sabía que...

La intolerancia a la lactosa no es una enfermedad, sino una alergia a los productos lácteos.

2.4. Intolerantes al huevo

Está producida por la no asimilación tanto de las proteínas de la clara como de la yema, aunque en algunas ocasiones hay pacientes que toleran la yema o el huevo entero cocido.

Esta intolerancia es común para los diversos tipos de huevos (gallina, pato, pavo, codorniz, etcétera). Esta alergia no tiene tratamiento, por lo que se deben eliminar de la dieta el huevo en sí y los productos que lo contienen.

2.5. Intolerantes a frutas

La intolerancia a la fructosa es una condición por la que el cuerpo no produce los compuestos químicos necesarios para metabolizar esta en el hígado.

 Definición

Fructosa
Azúcar de la fruta; monosacárido que, unido a la glucosa, constituye la sacarosa.

Especialmente se da en frutas de la familia de las rosáceas (melocotón, ciruela, cereza, manzana, almendra, etcétera).

 Sabía que...

La manzana, la pera, el melocotón, la cereza, etcétera son de la misma familia que las rosas, perteneciendo a la familia de las rosáceas.

El zumo suele ser la causa de reacciones más evidente debido a su rápida absorción.

El tratamiento consiste en no ingerir este tipo de frutas o bien someterlas a ciertos procedimientos antes de ingerirlas, recomendando pelar la fruta, ya que algunos de los mayores alérgenos se encuentran en la piel.

2.6. Intolerantes a frutos secos

Quien presenta alergia a un fruto seco suele presentar reacciones con otros frutos secos.

El cuadro sintomático que puede presentar un paciente alérgico a los frutos secos es muy amplio, con afectaciones tanto digestivas como cutáneas o respiratorias. En algunos casos, la gravedad es tal que puede llegar a producir la muerte de la persona.

El tratamiento consiste en no ingerir este tipo de frutos.

3. Identificación de las principales alergias e intolerancias alimentarias

Para comenzar, se debe reseñar la clara diferencia entre alergias e intolerancias alimentarias.

La intolerancia alimentaria es la reacción que se produce tras ingerir un alimento en concreto o un ingrediente culinario, produciendo unos síntomas leves que pueden aparecer en varias horas, no siendo reconocidos o asignados a dicho alimento ingerido, de ahí la denominación de alergia escondida.

Por otro lado, la persona que tiene una alergia alimentaria debe eliminar el alimento causante de su dieta, pues este muestra su efecto de forma evidente causando graves problemas en el individuo.

Las principales alergias e intolerancias alimentarias son:

- A proteínas de la leche.
- Al huevo.
- A pescados.
- Al *anisakis.*
- A mariscos.
- A legumbres.
- A frutas y hortalizas.
- A frutos secos.
- A cereales.

 Definición

Anisakiasis
Enfermedad ocasionada por la infección de gusanos *anisakis.* Aparece con frecuencia en áreas del mundo en las que el pescado se come crudo o ligeramente salado o condimentado.

 Recuerde

Intolerantes a la lactosa ------------------ no producción de enzima lactosa

Intolerantes al huevo --------------------- no asimilación de proteínas

Intolerantes a frutas --------------------- intolerancia a la fructosa

Intolerantes a frutos secos ---------------- reacciones digestivas, cutáneas o respiratorias

4. Formulación y ficha técnica de elaboración de los productos destinados a estos colectivos especiales

Debido a la importancia que tiene la alimentación en estos colectivos, se deberá tener en cuenta la realización de fichas o formularios en los que se presente la máxima información, evitando riesgos para el consumidor.

Los documentos que se presentan son ejemplarizantes, pues nos dan una idea de todos los datos que estas fichas pueden incluir, sabiendo en todo momento para quién puede estar destinada la elaboración a realizar o para quién está vetada.

La ficha técnica a utilizar puede ser:

FICHA N.º:

NOMBRE RECETA:

CONTIENE O PUEDE CONTENER

Proteína de leche	Huevo	Pescado	Azúcar	Marisco
☐	☐	☐	☐	☐

Frutas u hortalizas	Legumbres	Frutos secos	Cereales	Gluten
☐	☐	☐	☐	☐

INGREDIENTES:_____Pax | **MÉTODO DE ELABORACIÓN**

	Cant.	Ud.	Prec Unit. €	Precio total €

Coste materia prima para___Pax _____ €
Coste materia prima unitario _____ €

Duración de la elaboración:

4.1. Algunas fichas técnicas ejemplarizantes

FICHA N.º: *001*				
NOMBRE RECETA: *BIZCOCHO*				
CONTIENE O PUEDE CONTENER				
Proteína de leche ☐	Huevo ☒	Pescado ☐	Azúcar ☒	Marisco ☐
Frutas u hortalizas ☐	Legumbres ☐	Frutos secos ☐	Cereales ☒	Gluten ☐

INGREDIENTES:_____Pax					**MÉTODO DE ELABORACIÓN**
	Cant.	Ud.	Prec Unit. €	Precio total €	*Una vez preparado el puesto de trabajo, emulsionamos los huevos batiendo enérgicamente hasta que esponje añadiendo el azúcar.*
Harina repostería	65	g			
Fécula de maíz	60	g			*Pasar por tamiz la harina y la fécula.*
Huevos	4	uds.			
Azúcar	110	g			*Mezclar la carga de la harina con los huevos. Rellenar el molde engrasado y enharinado con ayuda de una manga con la técnica del escudillado.*
					Cocer en horno durante 10 minutos a 180 ºC.
Coste materia prima para___Pax			_____ €		
Coste materia prima unitario			_____ €		
Duración de la elaboración:					

FICHA N.º: *002*

NOMBRE RECETA: *GALLETAS*

CONTIENE O PUEDE CONTENER				
Proteína de leche ☒	Huevo ☒	Pescado ☐	Azúcar ☒	Marisco ☐
Frutas u hortalizas ☒	Legumbres ☒	Frutos secos ☐	Cereales ☒	Gluten ☐

INGREDIENTES:_____Pax · **MÉTODO DE ELABORACIÓN**

	Cant.	Ud.	Prec Unit. €	Precio total €
Harina repostería sin gluten	1	kg		
Margarina	600	g		
Azúcar	250	g		
Huevos	4	uds.		
Leche de soja	100	ml		
Ralladura limón	c/s			

Una vez preparado el puesto de trabajo pasar la harina por un tamiz y poner en forma de volcán.

Añadir en el centro del volcán el resto de ingredientes (la mantequilla en pomada).

Amasar hasta obtener una masa homogénea y dejar reposar en la cámara.

Estirar y dar forma deseada con ayuda de un cortapastas. Cocer al horno fuerte 180 ºC durante 10–15 minutos.

Coste materia prima para___Pax _____€
Coste materia prima unitario _____€

Duración de la elaboración:

FICHA N.º: *003*

NOMBRE RECETA: *EMPANADILLAS CON PISTO*

CONTIENE O PUEDE CONTENER

Proteína de leche ☒	Huevo ☒	Pescado ☒	Azúcar ☐	Marisco ☐
Frutas u hortalizas ☒	Legumbres ☐	Frutos secos ☐	Cereales ☒	Gluten ☐

INGREDIENTES:_____Pax

	Cant.	Ud.	Prec Unit. €	Precio total €
Harina repostería sin gluten	250	g		
Manteca cerdo	50	g		
Vino blanco	100	ml		
Sal	1	g		
Relleno pisto	180	g		

Nota: el vino puede tener trazas de pescado, huevo o leche, por su clarificación

Coste materia prima para___Pax	_____ €
Coste materia prima unitario	_____ €

Duración de la elaboración:

MÉTODO DE ELABORACIÓN

Una vez preparado el puesto de trabajo, tamizamos la harina y la sal y realizamos un volcán.

Añadimos la manteca de cerdo en pomada y el vino blanco.

Amasamos hasta obtener una masa consistente. Dejamos reposar y estiramos con la ayuda de un rodillo.

Cortamos con corta pastas y rellenamos con el pisto. Pintamos los bordes con agua y doblamos por la mitad.

Freímos en abundante aceite, nuevo, bien caliente.

Servimos.

FICHA N.º: *004*

NOMBRE RECETA: *PAN DE MOLDE*

CONTIENE O PUEDE CONTENER

Proteína de leche ☒	Huevo ☐	Pescado ☐	Azúcar ☒	Marisco ☐
Frutas u hortalizas ☐	Legumbres ☒	Frutos secos ☐	Cereales ☒	Gluten ☐

INGREDIENTES:_____**Pax**

MÉTODO DE ELABORACIÓN

	Cant.	Ud.	Prec Unit. €	Precio total €
Harina repostería sin gluten	1	kg		
Sal	15	g		
Masa madre	200	g		
Mantequilla	50	g		
Azúcar	20	g		
Levadura prensada	40	g		
Agua	450	ml		
Leche	200	ml		

Una vez preparado el puesto de trabajo, tamizamos la harina.

Añadimos la masa madre y la mantequilla.
Amasamos.
Disolvemos en agua el azúcar y la levadura. Añadimos a la masa. Amasamos y dejamos reposar 30 minutos.

Amasamos la masa y dejar fermentar durante 30 minutos.

Moldeamos la masa en un molde de pan.
Tapar.

Fermentar y cocer durante 45 min. A 180 ºC.

Coste materia prima para____Pax _____€

Coste materia prima unitario _____€

Desmoldar y dejar enfriar.

Duración de la elaboración:

4.2. Ficha técnica de los alimentos de producción nacional

Anteriormente se ha presentado una posible ficha técnica de control para identificar las elaboraciones y saber qué ofrecer o no a los clientes, considerando que se puede estar poniendo en peligro sus vidas.

Otro aspecto importante a tener en cuenta es la información que nos ofrecen los productos que adquirimos. Así, en toda ficha técnica de alimentos, y según la normativa existente, deberán recogerse los siguientes datos:

- Fecha.
- Nombre del producto.
- Marca comercial.
- Fábrica productora y dirección.
- Empresa productora.
- Ingredientes en % en orden decreciente.
- Aditivos alimentarios, dosis añadida por 100 g de producto, detallando el nombre del aditivo, su función y número.
- Especificaciones físico químicas.
- Límite de contaminantes metálicos en el producto.
- Límite de contaminantes microbiológicos.
- Límite máximo de residuos para otros contaminantes.
- Adjuntar resultados de los análisis realizados de 5 lotes diferentes.
- Breve descripción del proceso tecnológico.
- Tipo de envase y descripción.
- Etiqueta.
- Descifrado de clave utilizada en lote, en los casos que proceda.
- Tiempo de garantía o durabilidad.
- Peso neto y escurrido en el caso que proceda.
- Identificación del embalaje.
- Condiciones de almacenamiento y/o conservación.
- Forma de consumo.
- Grupo poblacional al que va dirigido.

5. Puntos clave y principales cambios tecnológicos y de materias primas utilizadas para obtener estos productos

Alrededor de estos productos o materias primas se han desarrollado numerosos estudios con el fin de crear nuevos artículos, que, naturales o no, puedan facilitar la realización de elaboraciones culinarias y así hacer más variada y agradable la dieta de estos colectivos especiales.

La investigación y los avances tecnológicos relacionados con la alimentación han provocado la aparición y fabricación de nuevos productos, enfocados a satisfacer nuestras necesidades. Así, podemos encontrar en el mercado productos antes impensables como harinas sin gluten, leches aisladas de sueros, infinidad de aditivos como edulcorantes, saborizantes, etcétera.

Los cambios tecnológicos, ayudados de los productos o materias primas sustitutivos, hacen que hoy en día sea casi inapreciable la diferencia entre los productos finales obtenidos.

5.1. Intolerantes a la lactosa

Algunos de los productos que se pueden usar como sustitutivo de esta son:

- Bebidas vegetales de avena, soja, arroz, coco, sésamo, horchata, etcétera.
- Postres de soja o de arroz
- Embutidos sin proteína láctea.
- Zumos naturales.
- Sustitutivos de la mantequilla: aceites de oliva, girasol y margarinas vegetales.
- Sustitutivos de la nata o yogur: tofu, queso de soja, nata de soja, yogur de soja, de avena, de arroz, etcétera.

5.2. Intolerantes al huevo

Algunos de los productos que podemos usar como sustitutivo de este son:

- Zumo de naranja para rebozar o empanar.
- Tofu como sustitutivo del huevo cocido.
- Pastas y masas elaboradas exclusivamente con sémola de trigo.
- Harina de maíz o de arroz para natillas y otras elaboraciones ligadas.
- Gelatina para postres cuajados como flan o pudin.
- Para elaborar bizcochos, cada huevo se puede reemplazar por:

  - 1 cucharada de postre de levadura seca + 1 cucharada sopera de vinagre + 1 cucharada sopera de agua.
  - 1 cucharada de levadura disuelta en ¼ de taza de agua templada.
  - 1 ½ cucharadita de agua, 1 ½ cucharadita de aceite, 1 cucharada de levadura en polvo.

 Nota

Para la clarificación de los vinos se suelen usar albúminas de sangre, leche o huevo. Por ello, los intolerantes a estas sustancias deben tenerlo en cuenta, pues pueden tener trazas.

5.3. Intolerantes al gluten

Algunos de los productos que podemos usar como sustitutivo de este son:

- Para **sustituir la harina y la levadura:**

  - Mezclar un 75 % de harina de arroz y un 25 % de fécula de maíz.
  - Mezcla de harinas y levaduras sin gluten.

■ Para **sustituir la levadura:**

  ▌1 cucharada de postre de bicarbonato + zumo de medio limón.

■ Para **sustituir el pan rallado para empanar:**

  ▌Copos de puré de patata.
  ▌Sémola de maíz.
  ▌Pan rallado sin gluten.
  ▌Mezcla de semillas de sésamo, amapola, lino, etcétera.

■ Para **sustituir pastas y fideos:**

  ▌Pastas de harina de maíz o de arroz.
  ▌Fideos de arroz.

6. Principales anomalías, causas y posibles correcciones

A la hora de enfrentarse a una elaboración culinaria destinada a colectivos especiales, se deberán tener en cuenta una serie de premisas para evitar y corregir anomalías y resultados defectivos.

No se producen las mismas anomalías o defectos en todos los productos, por lo que diferenciaremos por grupos, reseñando las notas características a tener en cuenta.

6.1. En productos destinados a celíacos

Como se ha especificado con anterioridad, este colectivo padece la no asimilación del gluten, por lo que se deberá evitar el contacto con este en todo momento. Para ello procederemos:

■ A la hora de realizar elaboraciones culinarias destinadas a este colectivo, se deberá utilizar un menaje y utensilios destinados únicamente a estas preparaciones.

- No utilizar aceites de fritura usados, donde se han realizado posibles frituras con elementos que posean gluten.
- La limpieza de instrumentos comunes como el horno debe ser exhaustiva.
- Etiquetar, especificar e identificar los productos sin gluten elaborados de forma casera, no mezclando en ningún caso.
- A la hora de conservar los productos, especificar el uso posterior, asegurándose de utilizar recipientes perfectamente limpios. Otro aspecto a tener en cuenta son las propiedades de los productos sustitutivos a utilizar. Por ello, se deberán conocer las propiedades de cada uno de ellos y las características que aportan a la elaboración.

6.2. En productos destinados a diabéticos

El aporte calorífico de lípidos, glúcidos, proteínas, etcétera, en estos individuos debe ser controlado de forma exhaustiva. No solo hay que tener en cuenta la ingesta de azúcares, sino también la ingesta de grasas, pues finalmente el organismo las transforma para su consumo en azúcares.

Por otro lado, las recetas que incluyen azúcares deben estar modificadas, debiéndose para ello respetar la tabla de proporciones, pues el dulzor que aportan estos sustitutos a las elaboraciones no es el mismo.

AZÚCAR COMÚN	FRUCTOSA	EDULCORANTE EN POLVO	TABLETA DE EDULCORANTE	EDULCORANTE LÍQUIDO
5 g (1 cucharada rasa)	2,5 g (1/2 cucharada rasa)	0,5 g	0,04 g (1 tableta)	0,4 ml

Otra nota a tener en cuenta es la textura que aportan los ingredientes sustitutivos, pues el azúcar cocido en mermeladas, jaleas, compotas, etcétera, aporta espesor y consistencia a la elaboración. Esto implicará la adición de ácidos y pectinas naturales, que aportarán el espesor necesario.

6.3. En productos para otros colectivos (intolerantes a la lactosa, intolerantes al huevo, etcétera)

Los demás colectivos pueden ser tratados como comunes, pues la simple sustitución hará que el producto sea viable para el consumo de estos grupos.

Así, las principales anomalías que se pueden producir en estos productos y sus posibles correcciones son las mismas que en las elaboraciones comunes.

 Recuerde

La sustitución de los productos es posible, pues la variedad que el mercado nos ofrece es muy amplia, buscando en todo momento los productos que más se ajusten y admitan las técnicas culinarias a aplicar.

6.4. Aplicación práctica

A lo largo del capítulo se ha visto cómo existen numerosos productos que pueden sustituir a los ingredientes tradicionales; con ellos se pueden realizar elaboraciones que hasta ahora eran impensables.

A continuación, se van a ver distintos ejemplos de recetas dirigidas a colectivos especiales.

FICHA N.º: *001*

NOMBRE RECETA: *CROISSANT SIN GLUTEN*

CONTIENE O PUEDE CONTENER

Proteína de leche	Huevo	Pescado	Azúcar	Marisco
☒	☒	☐	☒	☐

Frutas u hortalizas	Legumbres	Frutos secos	Cereales	Gluten
☐	☐	☐	☒	☐

INGREDIENTES:_____Pax

	Cant.	Ud.	Prec Unit. €	Precio total €
Harina mandioca	150	g		
Harina de arroz	150	g		
Harina maicena	200	g		
Levadura cerveza	25	g		
Leche	25	g		
Esencia azahar	1	g		
Mantequilla	100	g		
Huevo	1	ud.		
Azúcar	75	g		
Leche	75	ml		
Fécual mandioca	5	g		

Coste materia prima para____Pax _____ €
Coste materia prima unitario _____ €

Duración de la elaboración:

MÉTODO DE ELABORACIÓN

Una vez preparado el puesto de trabajo, realizamos a fuego una masa elástica con la fécula de mandioca y la leche.
Mezclamos los tres tipos de harina y realizamos un volcán en el que ponemos la mantequilla en pomada, el huevo, el azúcar, la levadura y la masa elástica.
Amasamos todo hasta obtener una masa elástica.
Dejamos fermentar a 28 ℃ y 72 % de humedad.
Estiramos la masa y porcionamos en forma triangulada, que procederemos a enrollar para obtener la forma deseada.
Pintamos con huevo batido o leche y espolvoreamos con azúcar.
Cocemos en horno precalentado a 180 ℃ durante el tiempo necesario.

FICHA N.º: *002*

NOMBRE RECETA: *MERMELADA DE FRESAS*

CONTIENE O PUEDE CONTENER				
Proteína de leche ☐	Huevo ☐	Pescado ☐	Azúcar ☐	Marisco ☐
Frutas u hortalizas ☒	Legumbres ☐	Frutos secos ☐	Cereales ☐	Gluten ☐

INGREDIENTES:_____Pax

	Cant.	Ud.	Prec Unit. €	Precio total €
Fresas	500	g		
Zumo de limón	10	g		
Pectina en polvo	5	g		
Edulcorante líquido	40	ml		
Agua	100	ml		

Coste materia prima para___Pax	_____ €
Coste materia prima unitario	_____ €

Duración de la elaboración:

MÉTODO DE ELABORACIÓN

Una vez preparado el lugar de trabajo lavamos y desinfectamos las fresas.

Dejamos que escurran y secamos con papel de cocina.

Cortamos las fresas y ponemos junto al edulcorante y el agua de cocción. Añadimos la pectina y el zumo de limón.

Dejamos cocer hasta que el líquido reduzca y espese, sin dejar de mover siempre con cuchara de madera.

Obtenida la consistencia deseada ponemos en recipiente de servicio y dejamos enfriar.

FICHA N.º: *003*

NOMBRE RECETA: *PAN BLANCO SIN GLUTEN*

CONTIENE O PUEDE CONTENER				
Proteína de leche ☒	Huevo ☒	Pescado ☐	Azúcar ☐	Marisco ☐
Frutas u hortalizas ☐	Legumbres ☐	Frutos secos ☐	Cereales ☒	Gluten ☐

INGREDIENTES:_____**Pax**

	Cant.	Unid.	Prec Unit. €	Precio total €
Harina mandioca	100	g		
Maicena	100	g		
Leche en polvo	100	g		
Levadura en polvo	27,5	g		
Goma santana	5	g		
Sal	10	g		
Huevo	1	ud.		
Aceite de oliva	10	g		
Agua	200	ml		
Almidón agrio de mandioca	20	g		

Coste materia prima para____Pax _____€
Coste materia prima unitario _____€

Duración de la elaboración:

MÉTODO DE ELABORACIÓN

Una vez preparado el puesto de trabajo, mezclamos la harina de mandioca, la maicena, la leche en polvo, la levadura, la goma santana y la sal. Con la mezcla hacemos un volcán.
Ponemos en frío el agua y los 20 g de almidón de mandioca. Llevamos al fuego y cocemos, formando una masa elástica que se despega del cazo. Añadimos al volcán el huevo, el aceite, la sal y finalmente la masa atemperada. Mezclamos hasta obtener una masa elástica. Bolear y dar la forma deseada. Dejar fermentar durante 40 minutos. Pintar con leche. Meter en horno precalentado a 180 °C durante 30 minutos.

7. Resumen

En este capítulo, elaboración de pastelería y repostería para colectivos especiales, se muestran y describen las características y propiedades a tener en cuenta para la realización de productos para integrantes de estos grupos, como son diabéticos, celíacos, intolerantes al huevo, a la lactosa, a la fructosa, a los frutos secos, etcétera.

Se describen asimismo las principales alergias e intolerancias, distinguiendo entre ellas: a proteínas de la leche, a pescados, al *anisakis,* a mariscos, a legumbres, a frutas y hortalizas, a cereales, etcétera.

Por otra parte, se muestra un ejemplo de ficha técnica de elaboración y se dan a conocer los datos a tener en cuenta para la adquisición de productos especiales destinados a estos grupos.

Para finalizar, se muestran algunos puntos clave y cambios en los productos a utilizar para realizar estas elaboraciones, adaptando y teniendo en cuenta la aportación de estas.

Ejercicios de repaso y autoevaluación

1. **Las masas y pastas que sustituyen el azúcar por edulcorantes...**

   a. ... deben añadir la cantidad proporcional que corresponda, siendo específica para cada tipo.
   b. ... usan la misma cantidad de este.
   c. ... son indicados para celíacos.
   d. Ninguna respuesta es correcta.

2. **Defina el concepto de gluten.**

   _____
   _____

3. **Complete las siguientes frases.**

   La diabetes produce la _____ absorción de la glucosa hallada en _____.

   Los intolerantes al huevo cocido pueden sustituirlo por _____.

   El vino puede tener trazas de _____ debido al proceso de clarificación.

4. **Para sustituir en una elaboración culinaria 180 g de azúcar por su equivalente en fructosa, ¿qué cantidad de fructosa tendrá que emplear?**

   _____
   _____

5. **Enumere algunos ingredientes que pueden ser consumidos por intolerantes a la lactosa.**

   _____
   _____
   _____
   _____

Aplicación de las técnicas de frío en elaboraciones complementarias pastelería-repostería

Contenido

1. Introducción
2. Adaptación de las fórmulas y procesos. Congelación - descongelación de productos de pastelería y repostería. Principales anomalías, causas y posibles correcciones
3. Refrigeración de productos de pastelería
4. Equipos específicos: composición y regulación
5. Resumen

1. Introducción

Desde tiempos remotos, la conservación de alimentos ha sido uno de los objetivos del ser humano; se trataba de guardarlos en épocas de abundancia para las de escasez. Existen referencias del almacenamiento de gramíneas y cereales. Se comprobó que los alimentos almacenados se conservaban mejor protegidos del aire y la luz, razón por la que se guardaban en vasijas o cuencos y se cubrían con aceites, miel, grasas, etcétera. Más tarde aparecieron técnicas como el secado, el salado, el escabechado, el ahumado, el cocido, el congelado o el fermentado, que mejoraron la conservación de los alimentos. Las especias y el azúcar (sobre todo de frutas en la Edad Media) también se usaron como conservantes.

La conservación de alimentos con bases científicas apropiadas comenzó a principios del siglo XIX. Con los descubrimientos del Louis Pasteur se consiguió la conservación por los métodos llamados de pasteurización y esterilización. El descubrimiento de las mezclas refrigerantes permitió el uso del frío en el ámbito industrial y la congelación en el hogar utilizada en la actualidad.

2. Adaptación de las fórmulas y procesos. Congelación - descongelación de productos de pastelería y repostería. Principales anomalías, causas y posibles correcciones

La **pasteurización** es el proceso térmico realizado a los alimentos con el objeto de reducir los agentes patógenos que puedan tener dichos alimentos. El proceso de calentamiento recibe el nombre de su descubridor, el químico Louis Pasteur.

Uno de los objetivos del tratamiento térmico es la esterilización parcial de los alimentos, alterando lo menos posible la estructura física, los componentes químicos y las propiedades organolépticas de estos. Tras la operación de pasteurización, los productos tratados se enfrían rápidamente y se sellan herméticamente con fines de seguridad alimentaria, para evitar que se vuelvan a contaminar. A diferencia de la esterilización, la pasteurización no destruye las esporas de los microorganismos.

El avance científico de Pasteur mejoró la calidad de vida al permitir que ciertos productos alimenticios básicos, como la leche, se pudieran transportar a largas distancias sin que la descomposición les afectase. En la pasteurización, el objetivo primordial no es la eliminación completa de los agentes patógenos sino la disminución sensible de sus poblaciones, alcanzando niveles que no causen intoxicaciones alimentarias a los humanos (suponiendo que el producto pasteurizado se haya refrigerado correctamente y que se consuma antes de la fecha de caducidad indicada).

Para entender mejor los procesos de conservación por congelación y los procesos de la descongelación, es necesario conocer los conceptos de ambos términos.

Congelación

La congelación de alimentos es una forma de conservación que se basa en la solidificación del agua contenida en estos. Por ello, uno de los factores a tener en cuenta en el proceso de congelación es el contenido de agua del producto.

 Definición

Congelación
En alimentación se define la congelación como la aplicación intensa de frío capaz de detener los procesos bacteriológicos y enzimáticos que alteran los alimentos, preservando la integridad y calidad del alimento. La temperatura de congelación ha de ser de -18 °C.

Descongelación

La descongelación es el proceso inverso a la congelación, es decir, pasar del estado sólido en el que se encuentra el agua contenida en los alimentos al estado líquido. Normalmente es un proceso más lento que la congelación, puesto que la conductividad térmica de los tejidos congelados es mucho menor que la de los no congelados. Además, la formación de una capa acuosa líquida en la superficie del producto que se está descongelando forma una barrera que mantiene el producto a 0 °C por un largo período, con todos los problemas que ello conlleva: aumento de la concentración, recristalizaciones y aumento de microorganismos.

Para evitar estos problemas en el descongelado, las empresas dedicadas a la fabricación de platos precocinados congelados prefieren los productos de un tamaño tal que permita su cocinado de forma directa, sin necesidad de descongelación previa. Por eso, no todos los alimentos necesitan descongelarse de igual forma; unos lo deben hacer de manera lenta en el interior de una cámara frigorífica y otros no lo necesitan.

Medidas para congelar

- En el caso de realizar la congelación de materias primas, de productos terminados y semielaborados, estos deberán vigilarse para que se realice en condiciones adecuadas de higiene y en aparatos con suficiente capacidad frigorífica (túnel o cámara de congelación de suficiente potencia).
- El proceso de congelación se realizará en el menor tiempo posible.
- Todos los productos y materias primas congelados deberán estar debidamente identificadas en todo momento mediante rótulos o etiquetas que indiquen el producto de que se trata, la fecha de congelación y el lote.
- La temperatura de congelación de referencia será inferior a -18 °C y los alimentos estarán:

  - Perfectamente envasados y etiquetados.
  - Las cámaras frigoríficas deben ser suficientes y con capacidad adecuada al volumen de la mercancía almacenada, permitiendo la separación entre los distintos tipos de productos: materias primas y productos elaborados y/o semielaborados.
  - A estos efectos, se computarán como cámaras los expositores frigoríficos de la sala de ventas.

Recuerde

Para su congelación, los productos han de estar debidamente protegidos mediante envases o envolturas autorizadas.

La congelación consiste en someter a los géneros, de forma uniforme, a temperaturas de -18 °C. La bajada de temperatura en el alimento debe ser lo más rápido posible.

2.1. Procesos y métodos de congelación

Los tipos de congelación pueden ser:

- **Aire:** una corriente de aire frío extrae el calor del producto hasta que se consigue la temperatura final.
- **Contacto:** una superficie fría en contacto con el producto, que extrae el calor.
- **Criogenización:** se utilizan fluidos criogénicos, nitrógeno o dióxido de carbono, que sustituyen al aire frío para conseguir el efecto congelador.

2.2. Procesos y métodos de descongelación

De forma general, se pueden distinguir dos métodos de descongelación: descongelación rápida y descongelación lenta. La primera de ellas se lleva a cabo en refrigeración, siempre a temperatura de entre 0 y 5 °C, normalmente utilizada para la descongelación de productos sin cocción, productos o ingredientes voluminosos (cocinados o no). En torno a la descongelación rápida, es preciso diferenciar entre: a fuego directo (normalmente al baño maría; aplicado en productos como: cremas, salsas y sopas) y en microondas (utilizado para pequeñas piezas, normalmente previamente cocinadas o precocinadas).

Un método de descongelación adecuado permite obtener alimentos de buena calidad. En caso contrario, la pérdida de materia (sales minerales, humedad y otros componentes) hace que los productos no logren recuperar las características iniciales o de regeneración. Por supuesto, eso depende de igual manera del método de congelación utilizado previamente (rápida/lenta, adición de sustancias protectoras), lo que determinará el tipo de formación de cristales de hielo y el daño mecánico sobre las estructuras celulares de los alimentos.

 Nota

Con la descongelación, normalmente no se llega al 100 % de recuperación de las características de un producto.

Conocidos los métodos de descongelación, es preciso describir las técnicas utilizadas para su aplicación, diferenciándose entre las siguientes:

- **Descongelación cocción:** se descongela el producto para consumirlo inmediatamente, como en los domicilios particulares y en los establecimientos de restauración. Se cuece directamente el producto congelado. En este método se unen la rapidez y la seguridad sanitaria.
- **Descongelación parcial:** se fabrican porciones individuales congeladas a partir de productos congelados. En este caso, se eleva la temperatura del producto hasta -5 °C, donde el 60 -70 % del agua está todavía en forma de hielo, pero la consistencia del producto permite la manipulación y preparación de las raciones. El producto se recongela a continuación inmediatamente.
- **Descongelación transformación:** la descongelación completa es necesaria para efectuar sin dificultad operaciones de manipulación previa.
- **Descongelación industrial:** en la industria, la descongelación tiene como finalidad:

  - Proceder a la venta del producto descongelado, como las canales.
  - Procesar el producto y luego recongelarlo, como las aves.
  - Utilizar el producto como materia prima, como la carne y los vegetales.

Ejemplo

Para hacer alguna elaboración con planchas de hojaldre congelado es preciso que el producto esté totalmente descongelado.

Una descongelación larga, de varios días, tiene el inconveniente de que hay que disponer de grandes instalaciones y dificulta la programación de la producción en función de las necesidades.

El calor necesario para descongelar el producto puede ser aportado desde la superficie, por procedimientos clásicos o directamente desde el interior mediante microondas.

Nota

La ultracongelación es la congelación a muy baja temperatura y muy rápida.

Se hace a -40 ºC, en una corriente de aire, mediante contacto de planchas o por inmersión en líquido congelante para que la congelación sea aún mayor.

La congelación de alimentos en general debe ser lo más rápida posible para que el daño en los tejidos sea el mínimo, por eso es más conveniente la ultracongelación.

Es un método muy utilizado cuando se emplean grandes cantidades de alimento. Es muy efectivo. Su gran inconveniente es que se necesita mucha energía para alcanzar la temperatura deseada.

3. Refrigeración de productos de pastelería

Para entender mejor los procesos de conservación por refrigeración es necesario conocer este concepto.

La refrigeración de alimentos consiste en conservarlos a bajas temperaturas, pero no bajando de los 0 ºC, ya que entonces entrarían en congelación. La temperatura idónea está entre los 0 ºC y los 6 ºC, dependiendo de la naturaleza del alimento.

La refrigeración implica transferir la energía del cuerpo que se pretende enfriar a otro. La temperatura es el reflejo de la cantidad de energía que posee el cuerpo, los cuerpos solo tienen más o menos energía térmica. De esta manera, enfriar corresponde a retirar energía (calor) y no debe pensarse en términos de producir frío o agregar frío.

Cuando hablamos de productos de pastelería, normalmente nos referimos a productos ya terminados, que no necesitan de una posterior transformación, sino de una adecuada refrigeración.

Sin embargo, es cierto que con las nuevas técnicas y elaboraciones en la cocina dulce las presentaciones son más sofisticadas, ofreciendo productos a diferentes temperaturas y texturas. Estas elaboraciones tienen en común su refrigeración y posterior regeneración, pero siempre se tendrá en cuenta que se está trabajando con productos terminados.

En el caso de almacenar en la misma cámara varios productos, deberá respetarse la temperatura máxima del más exigente.

Las materias primas como nata, ovoproductos pasteurizados líquidos, así como los pasteles rellenos de nata, cremas, yema, etcétera, se deterioran rápidamente si no se mantienen a temperaturas adecuadas y constantes. Algunos gérmenes que pueden causar enfermedades se reproducen rápidamente en estos productos y pueden originar toxinas si las temperaturas de las cámaras no son adecuadas.

Recuerde

Productos terminados con nata, crema, yema, etcétera, deben estar en refrigeración de 0 a 6 ºC.

4. Equipos específicos: composición y regulación

La aplicación de frío requiere del uso de equipos específicos cuya composición no afecte ni a las características organolépticas del producto, ni a su inocuidad, haciéndolo seguro para consumo. Así, los parámetros a considerar más importantes son los siguientes:

- Los productos perecederos, ya sean materias primas, como levaduras u ovoproductos, semielaborados, como cremas o natas, o productos terminados con elevada actividad de agua, como pasteles rellenos o guarnecidos con cremas y/o nata, se conservarán en todo momento a temperaturas de refrigeración adecuadas a su naturaleza (entre 2 y 6 ºC).
- En el caso de congelados, la temperatura de referencia será inferior a -18 ºC y estarán perfectamente envasados y etiquetados.
- Las cámaras de refrigeración deben ser suficientes y con capacidad adecuada al volumen de la mercancía almacenada, permitiendo la separación entre los distintos tipos de productos (especialmente entre materias primas y productos elaborados y/o semielaborados).
- Todas las cámaras estarán dotadas de termómetros de fácil lectura y se cuidará no sobrepasar la capacidad máxima recomendable.
- Deben establecerse controles periódicos para comprobar si se han producido deterioros en la estructura.

Recuerde

Los productos perecederos son aquellos que por sus especiales características de composición, humedad, etcétera, favorecen el desarrollo microbiano.

Para poder conservar estas elaboraciones como corresponde según la *Guía de buenas prácticas de higiene* y en aplicación del APPCC o de Ayuda para el autocontrol en panaderías y pastelerías artesanales, se van a ver los equipos más representativos o específicos para la conservación de productos de pastelería y repostería.

4.1. Cámaras de refrigeración

Los equipos más representativos, aunque no los únicos, que se pueden utilizar en la conservación de productos de pastelería y repostería son:

- Expositores de venta al público, de tapas transparentes para exposición de productos.
- Cámaras modulares para temperaturas de conservación, adaptables a recintos.
- Armarios de refrigeración conformes a la normativa sanitaria.

Nota

Con la acción del frío no se destruyen los microorganismos, solamente se ralentiza el crecimiento de estos. Este aletargamiento es inversamente proporcional a la temperatura.

El periodo de conservación de un género refrigerado no debe sobrepasar los 4 días aproximadamente (dependiendo del tipo de producto que se refrigere), manteniendo, durante

Continúa en página siguiente >>

‹‹ Viene de página anterior

este tiempo, todas sus propiedades naturales. La temperatura debe oscilar entre 1 y 6 °C, según la naturaleza del género.

4.2. Cámaras de congelación

Los equipos más representativos, aunque no los únicos, que se pueden utilizar en la conservación de productos de pastelería y repostería son:

- Arcones con tapa de cristal, diseñados para visualizar el género expuesto.
- Arcones congeladores con tapas ciegas para la conservación de todo tipo de producto congelado.
- Armario especial de helados con temperatura de mantenimiento entre -18 y -25 °C.
- Cámaras modulares para temperaturas de congelación, adaptables a recintos.

 Importante

Un género que ha sido descongelado no debe volver a congelarse, principalmente porque durante la congelación se producen roturas en su estructura, permitiendo que el producto sea más vulnerable al ataque de microorganismos. Por otra parte, la textura del producto pierde calidad al romperse la estructura de sus células.

Definición

Frigoría (símbolo: fg)

Es una unidad de energía informal para medir la absorción de energía térmica. Equivale a una kilocaloría negativa. Podría definirse como la energía que hay que sustraer de un kilogramo de agua a 15 ºC, a presión atmosférica normal, para reducir su temperatura en 1 ºC. Si bien el término ha sido aceptado por la Real Academia Española, la unidad, como tal, no existe en el sistema técnico.

Aplicación práctica

Suponga que le contratan para diseñar las cámaras de congelación y refrigeración de un obrador de pastelería, ¿qué tipo de observaciones va a recoger en el proyecto que ha de entregar a la empresa?

SOLUCIÓN

Observaciones a tener en cuenta en las cámaras de refrigeración:

- Los grupos generan calor, deben tener una buena refrigeración aire-agua y estar situados en zonas abiertas.
- Proyectar el piso de cámara al nivel del resto de espacios del obrador con miras a pasar bien los carros.
- Prever desagües.
- El termómetro digital ha de estar junto a la puerta de entrada y visible.

Observaciones a tener en cuenta en la cámara de congelación:

- Las puertas no deben tener acceso directo al ambiente normal.
- Los desagües de condensación deben estar provistos de resistencias eléctricas para evitar la congelación de los mismos.
- El interior de la cámara debe estar provisto de herramientas (hachas) para evitar accidentes en caso de avería de la puerta una vez dentro de ella.
- Las mismas observaciones que para la cámara de refrigeración.

5. Resumen

La conservación de los alimentos ha sido uno de los objetivos del ser humano; se trataba de guardar los alimentos en épocas abundantes para aquellas otras en las que no había tantos recursos.

El descubrimiento de las mezclas refrigerantes permitió el uso del frío en el ámbito industrial e incluso la congelación de alimentos en el hogar.

Se han visto la definición, los procesos y los métodos de la congelación (aire, contacto, criogenización), haciendo especial hincapié en las reglas para una correcta congelación de los alimentos.

 Asimismo, se ha visto la definición, los procesos y los métodos de la descongelación (descongelación cocción, descongelación parcial, descongelación transformación y descongelación industrial).

Por último, se han estudiado los diferentes tipos de refrigeración de productos de panadería-pastelería y los equipos específicos de refrigeración y congelación de los mismos.

Ejercicios de repaso y autoevaluación

1. **¿Quién fue el descubridor de la conservación de los alimentos por calor?**

    a. Brillat Savarin.
    b. Paul Bocuse.
    c. Louis Pasteur.
    d. Juan Mari Arzak.

2. **La congelación es un método de conservación de los alimentos que consiste en...**

    a. ... no es un método de conservación.
    b. ... solidificar el agua que contienen estos.
    c. ... enfriar mucho el alimento.
    d. ... enfriar el alimento a 0 ºC.

3. **La refrigeración, ¿es un método de conservación?, ¿en qué consiste?**

    a. Sí, en bajar la temperatura de los alimentos a 0 ºC aprox.
    b. Sí, en cocer los alimentos a 65 ºC.
    c. No, no es un método de conservación.
    d. No, es un método de cocción a baja temperatura.

4. **La temperatura de congelación y la de ultracongelación son de...**

    a. ... -18 y -40 ºC, respectivamente.
    b. ... -10 y 20 ºC, respectivamente.
    c. ... 0 y 25 ºC, respectivamente.
    d. ... 0 ºC en ambos casos.

5. **¿Cuál es la temperatura de refrigeración?**

    a. 15 ºC.
    b. -15 ºC.
    c. 5 ºC.
    d. 65 ºC.

6. **Es una condición indispensable antes de la congelación que los alimentos estén perfectamente...**

   a. ... cocinados al vapor.
   b. ... lavados y remojados.
   c. ... envasados al vacío.
   d. ... envasados y etiquetados.

7. **La técnica que utiliza el nitrógeno líquido, ¿es un método de conservación?, ¿cuál de ellos?**

   a. Sí, el método de congelación.
   b. No, no se utiliza el nitrógeno en la conservación de alimentos.
   c. Sí, en la refrigeración.
   d. Sí, en la ultracongelación.

8. **¿Qué son los APPCC?**

   a. Procesos preventivos para garantizar la seguridad alimenticia.
   b. Es un método de conservación con helio.
   c. Es un método de conservación por congelación y vacío de forma conjunta.
   d. No tiene nada que ver con el tema que se estudia.

9. **¿El frío destruye las bacterias?**

   a. No, solamente las adormece deteniendo su ciclo biológico.
   b. Sí, cuando se congelan los alimentos.
   c. Sí, siempre que la temperatura llegue a 0 ºC.
   d. No, el frío las favorece.

10. **¿Cuál es la consecuencia de una congelación convencional?**

   a. Que se quema el producto por estar mucho tiempo expuesto al frío.
   b. Que se destruyen fibras y afecta a la textura del producto.
   c. Que es la mejor forma de aplicar el método de congelación.
   d. No tiene ningún tipo de consecuencia.

Glosario

Abrillantar
Dar brillo con jalea, grasa o huevo, a un preparado, que puede estar tanto crudo como elaborado.

Amasar
Trabajar con las manos o máquina amasadora una preparación, con el objetivo de homogeneizar los ingredientes.

Aromatizar
Añadir vino o especias a un preparado de sabor y olor característicos y diferenciadores.

Asar
Cocinar un género al horno o la parrilla solo con un poco de grasa, de forma que quede dorado en su exterior.

Atemperar
Moderar o templar. En una segunda definición se puede considerar como acomodar algo a alguna cosa.

Bañar
Cubrir total o parcialmente un género con materia líquida, pero lo suficientemente espesa como para que quede impregnado de ella.

Blanquear
Batir fuertemente yemas o huevos con sólidos (por ejemplo, el azúcar) hasta que se aclare su color. Por ejemplo, las claras se blanquean cuando se montan con azúcar para elaborar merengue.

Caramelizar
Cubrir con caramelo una elaboración o la superficie de un recipiente.

Coagular
Solidificar un líquido.

Cocer
Transformar por la acción del calor un género con el fin de hacerlo más digerible o ablandarlo. Se usa también para definir el proceso por el cual entra en ebullición un líquido o elaboración.

Colorear
Dar color a una elaboración usando para ello colorantes naturales o vegetales, en polvo o líquidos.

Cortarse
Dividirse la leche, ciertas mezclas cremosas y algunas salsas, en partes sólidas y líquidas.

Cristalizar

Hacer tomar a un elemento la forma cristalina, mediante operaciones adecuadas a ciertas sustancias.

Cuajar

Acción de dejar que una elaboración espese hasta perder su estado líquido.

Descorazonar

Quitar el centro o el corazón a las frutas y verduras. Quitar el hueso o carozo a los frutos.

Desmoldar

Sacar una elaboración de un molde, permaneciendo esta con la forma del mismo.

Despumar

Retirar con la ayuda de una espumadera las impurezas que quedan flotando en un preparado durante su cocción.

Emborrachar

Empapar una elaboración en almíbar, vino o licor.

Empanar

Pasar por harina, huevo batido y pan rallado un género previamente aderezado.

Emplatar

Colocar las elaboraciones ya acabadas en la fuente o plato en que han de servirse.

Emulsionar

Es la acción de realizar una emulsión. Una emulsión es la preparación que se obtiene al mezclar dos ingredientes que son incompatibles entre sí. Por ejemplo, una emulsión de agua y aceite.

Engrasar

Untar con mantequilla o algún tipo de grasa un molde o placa.

Enharinar

Cubrir de harina la superficie de un género o recipiente.

Escarchar

Técnica culinaria por la que un alimento, generalmente la fruta, queda recubierta por una capa de azúcar cristalizada. Generalmente, se realiza introduciéndola en un almíbar.

Escudillar

Verter una preparación cremosa o una masa en moldes o recipientes, utilizando mangas o boquillas.

Escurrir

Acción por la que se retira el líquido a una elaboración que se encuentra empapada en él. Se refiere también al líquido que pueda contener en su interior.

Especiar

Añadir productos de origen vegetal a una elaboración para que le aporten sabor. Estos productos pueden ser en polvo o enteros. Pueden ser hojas, raíces, flores, bulbos, etcétera.

Espesar

Acción que se realiza con el objetivo de hacer más densa una preparación.

Espolvorear

Repartir en forma de lluvia un género muy picado o en polvo.

Estirar

Extender una masa sobre una superficie con la ayuda de un rodillo, laminándola para hacerla más extensa y delgada. Por ejemplo, estirar las masas de pasta brisa u hojaldre.

Estofar

Cocinar un género en su propio jugo y el que poseen los elementos que le acompañan en su condimentación o guarnición, a fuego suave.

Fermentar

Acción por la que las masas elaboradas con levadura aumentan su volumen, adquiriendo esponjosidad al ponerlas a temperatura templada.

Flambear

Proceso por el cual se añade licor a un género y se hace arder.

Freír

Cocinar un género en una sartén o freidora con grasa caliente, formando una costra dorada.

Fundir

Derretir los alimentos con el fin de obtener una base uniforme.

Garrapiñar

Bañar golosinas en almíbar que forma grumos. Por ejemplo, las almendras o piñones garrapiñados.

Glasear

Espolvorear una preparación con azúcar glasé. Este término se usa también cuando se cubre con fondant un género. La última acepción se usa para definir la finalización de las elaboraciones con mermeladas, azúcar caramelizada, etcétera.

Gratinar

Tostar la superficie de un género en un horno fuerte, salamandra o gratinador.

Guarnecer

Acompañar una elaboración principal con otras menores, que reciben el nombre de guarnición.

Helar

Introducir el mix o mezcla de ingredientes tras su pasteurización y maduración en la mantecadora o freezer para la obtención del helado o sorbete.

Hervir

Cocinar un género por su inmersión en un líquido en ebullición. En una segunda acepción también define el hecho de hacer que un líquido entre en ebullición por la acción del calor.

Hidratar

Devolver al estado natural de humedad los tejidos de los géneros.

Infusionar

Llevar a ebullición un líquido con elementos aromatizantes para obtener sus aromas y, tras la ebullición, mantener unos minutos para extraer todo el aroma.

Licuar

Acción de convertir un elemento en líquido por medio del calor o mediante el triturado.

Moldear

Colocar un preparado dentro de un molde para que este tome la forma correspondiente.

Montar

Se usa como sinónimo de batir. Hace referencia también al hecho de colocar las elaboraciones después de cocinadas sobre un plato o fuente.

Napar

Cubrir una elaboración con salsa, crema, líquido, etcétera, suficientemente espeso, para que quede sobre ella.

Pasteurizar

Método usado para eliminar los gérmenes al calentar un género durante unos segundos a temperatura de 70 °C, posteriormente enfriado rápidamente para evitar que la excesiva exposición al calor pueda eliminar los nutrientes.

Perfumar

Término que se usa como sinónimo de aromatizar.

Pomada (poner en)

Término empleado para definir un punto de la mantequilla o la manteca que se logra cuando se encuentra a una temperatura ambiente de 24 a 25 °C. En este punto la mantequilla o manteca se encuentra fría pero moldeable.

Racionar

Dividir un género o elaboración en porciones para su distribución.

Rebozar

Pasar un género por harina o huevo batido, quedando totalmente cubierto por una fina capa antes de freír.

Reducir

Disminuir el volumen de una preparación líquida por medio de la evaporación. Este proceso ayuda a que la preparación resulte más sustanciosa o ligada.

Regenerar

Es un proceso cuyo objetivo es mantener la calidad del alimento. Para ello se pueden usar múltiples sistemas o medios. El resultado dependerá tanto del tipo de producto como del envase que se use.

Reposar

Acción de dejar quieta durante un determinado tiempo alguna elaboración. También se usa para referirse a la cocción lenta de un guiso.

Saltear

Cocinar a fuego violento, total o parcialmente, un género, resultando jugoso por dentro y dorado en el exterior.

Tamizar

Separar con un tamiz o cedazo las impurezas de las sustancias en polvo, como la harina.

Tostar

Dorar la superficie de la elaboración al aplicar un calor directo.

Bibliografía

Monografías

▌ABELAIRA Sarmiento, G.: *Gestión de la cadena logística y aprovisionamiento.* Antequera: IC Editorial, 2023.

▌CARO Sánchez-Lafuente, A.: *Pastelería. INAF020PO.* Antequera: IC Editorial, 2023.

▌CARO Sánchez-Lafuente, A.: *Sistema APPCC y prácticas correctas de higiene.* Antequera: IC Editorial, 2019.

▌JIMÉNEZ Padilla, B.: *Seguridad e higiene en un obrador de panadería y bollería.* Antequera: IC Editorial, 2023.

▌REY Acosta, L.: *Preelaboración de productos básicos de pastelería.* Antequera: IC Editorial, 2022.

▌VV. AA.: Comisión del Codex Alimentarius: Principios Generales de Higiene de los alimentos. Anexo sobre el sistema APPCC y directrices para su aplicación. Revisión de 2022.

▌VV. AA.: *Larousse gastronomique.* Madrid: Larousse, 2019.

Textos electrónicos, bases de datos y programas informáticos

▌TEJERO F.: Asesoría Técnica en Panificación, de: <http://www.franciscotejero.com/>.

Legislación

▌ Real Decreto 126/2015, de 27 de febrero, por el que se aprueba la norma general relativa a la información alimentaria de los alimentos que se presenten sin envasar para la venta al consumidor final y a las colectividades, de los envasados en los lugares de venta a petición del comprador, y de los envasados por los titulares del comercio al por menor.

▌ Real Decreto 496/2010, de 30 de abril, por el que se aprueba la norma de calidad para los productos de confitería, pastelería, bollería y repostería.

▌ Reglamento (CE) n.º 852/2004 del Parlamento Europeo y del Consejo, de 29 de abril de 2004, relativo a la higiene de los productos alimenticios.